로자 룩셈부르크의 사상

국립중앙도서관 출판예정도서목록(CIP)

로자 룩셈부르크의 사상 / 지은이: 토니 클리프 ; 옮긴이:
조효래. -- 서울 : 책갈피, 2014
    p. ;   cm

원표제: Rosa luxemburg
원저자명: Tony Cliff
영어 원작을 한국어로 번역
ISBN 978-89-7966-108-8 03300 : ₩8000

사회 주의[社會主義]
과학적 사회 주의[科學的 社會主義]

340.245-KDC5
335.43-DDC21   CIP2014030278

로자 룩셈부르크의 사상

토니 클리프 지음 | 조효래 옮김

책갈피

Rosa Luxemburg - Tony Cliff
First published in May 1959
Second published in July 1983 by Bookmarks Publications
ⓒ Bookmarks Publications

Korean translation edition ⓒ 2014 by Chaekgalpi Publishing Co.
Bookmarks와 협약에 따라 이 책의 한국어 판권은 책갈피 출판사에 있습니다.

로자 룩셈부르크의 사상

지은이 | 토니 클리프
옮긴이 | 조효래
펴낸곳 | 도서출판 책갈피

등록 | 1992년 2월 14일(제2014-000019호)
주소 | 서울 성동구 무학봉15길 12 2층
전화 | 02) 2265-6354
팩스 | 02) 2265-6395
이메일 | bookmarx@naver.com
홈페이지 | http://chaekgalpi.com

첫 번째 찍은 날 2014년 10월 31일
두 번째 찍은 날 2019년 2월 19일

값 8,000원

ISBN 978-89-7966-108-8
잘못된 책은 바꿔 드립니다.

차례

일러두기

1. 이 책은 Tony Cliff, *Rosa Luxemburg* (Bookmarks, 1983)를 번역한 것이다.

2. 인명과 지명 등의 외래어는 최대한 외래어 표기법에 맞춰 표기했다.

3. 《 》부호는 책과 잡지를 나타내고 〈 〉부호는 신문, 주간지를 나타낸다. 논문은 " "로 나타냈다.

4. 본문에서 [ ]는 옮긴이가 독자의 이해를 돕거나 문맥을 매끄럽게 하려고 덧붙인 것이고, 지은이가 인용문에서 덧붙인 것은 [— 지은이]라고 표기했다.

5. 본문의 각주는 옮긴이가 넣은 것이다.

6. 원문에서 이탤릭체로 강조한 부분은 고딕체로 나타냈다.

들어가며

1919년 1월 15일, 뛰어난 혁명가이자 투사이자 사상가였던 로자 룩셈부르크는 한 병사의 소총 개머리판에 머리를 맞아 죽었다. 이론과 실천을 훌륭하게 결합한 룩셈부르크의 생애와 업적을 다루려면 그녀의 사상뿐 아니라 활동도 살펴봐야 한다(둘은 분리될 수 없다). 그러나 이 얇은 책에서 두 가지를 충분히 다루기는 어렵다. 두 마리 토끼를 쫓다가 한 마리도 못 잡는 우를 범하지 않도록, 이 책은 룩셈부르크의 사상에 주안점을 둘 것이다. 룩셈부르크의 사상은 국제 사회주의 운동에 중요하고 역사적인 기여를 했기 때문이다.

룩셈부르크의 저작은 영어로 번역된 게 거의 없다. 그래서 룩셈부르크의 글을 되도록 많이 인용해 소개하려 했다(대부분 독일어 원전을 번역했다).

　'모든 것을 의심하라'를 좌우명으로 삼았던 과학적 사회주의
자 로자 룩셈부르크는 무엇보다 자신의 저작을 비판적으로 평
가해 주기 바랄 것이다. 나는 룩셈부르크를 존경하면서도 비판
하는 정신으로 이 책을 썼다.

한국어판 머리말

이 책은 1959년에 처음 출판됐다. 당시 가장 영향력 있는 좌파 정치 세력은 스탈린주의였다. 전 세계에서 수백만 명의 매우 헌신적인 사회주의자들이 소련이나 중국, 북한 같은 나라가 자본주의를 넘어 나아갈 길을 제시하고 있다고 생각했다. 한편 스탈린주의를 거부한 사회주의자들은 대부분 서유럽의 사회민주당을 대안으로 생각했다. 이 사회민주당의 입장은 1959년 고데스베르크에서 열린 독일 사회민주당SPD 전당대회가 잘 보여 줬는데, 그 대회에서는 우파보다 더 인간적이고 효율적으로 자본주의를 운영하자는 것이 목표로 채택됐다.

이 책《로자 룩셈부르크의 사상》은 스탈린주의와 사회민주주의에 모두 반대하는 아주 작은 혁명적 사회주의자 그룹('사회주의

평론' 그룹으로 현재 영국 사회주의노동자당SWP의 전신이다)이 내놓았다. 당시 '사회주의평론' 그룹은 시류를 거슬러, 마르크스 이후 고전 마르크스주의 전통에서 핵심을 이루는 사상을 다시 확증해 보려고 노력했다. 그것은 아래로부터의 사회주의라는 사상, 즉 노동자들이 스탈린주의 관료나 사회민주당 의원에 의지해서가 아니라 투쟁을 통해서 스스로 해방한다는 사상이다.

로자 룩셈부르크는 마르크스·엥겔스·레닌·트로츠키와 함께 아래로부터의 사회주의 전통에 있는 핵심 인물이다. 룩셈부르크는 사회민주주의적 개혁주의를 비판하면서 두각을 나타내기 시작했는데, 특히 《개혁이냐 혁명이냐》는 쓴 지 거의 100년이나 지난 지금도 여전히 유효하다. 또 1905년 러시아 혁명의 경험을 다룬 《대중파업》은 노동자 대중의 투쟁과 창조성이 진정한 사회변혁의 핵심적이고 결정적인 특징이라는 것을 보여 준다.

내 책이 출판된 지 30년이 지나서 동유럽의 스탈린주의 정권들이 내부 퇴락과 민중 반란으로 무너졌다. 뒤이어 소련 공산당이 몰락하고 소련 자체가 와해됐는데, 이 사건들은 좌파 정치 세력으로서 스탈린주의가 생명을 다했음을 보여 줬다. 그러나 많은 사회주의자들이 이 사건들 때문에 방향감을 상실하고 실의에 빠졌다.

사회주의노동자당과 전 세계의 우리 자매 조직은 예외였다. 우리는 결코 소련과 그 아류들을 사회주의 사회라고 여긴 적이 없기 때문이다. 우리는 이 체제들을 서방 자본주의 나라들과 똑

같이 노동계급을 착취하는 국가자본주의라고 분석했다. 우리의 이런 분석은 1989년과 1991년의 대격변으로 입증됐다.

룩셈부르크가 살아 있었다면 이 격변에서 출현한 세계의 본질을 충분히 간파했을 것이다. 자본주의가 세계를 지배하면서 도처에서 혼돈과 재난이 일어나고 있다. 선진 자본주의 체제는 불황을 겪고 세계 나머지 지역에서는 대규모 빈곤과 함께 생활수준이 점점 열악해지고 있다. 베를린 장벽이 무너졌을 때 미국이 선언한 '신세계 질서'가 사실은 불안정이 고조된 새로운 시기임이 입증되고 있다. 발칸반도와 옛 소련의 많은 공화국에서 전쟁이 기승을 부리고 있고, 서방 강대국들은 소말리아에서 걸프만에 이르기까지 자신들이 선택하면 어디서든 무력을 사용할 권리가 있다고 주장한다.

자본주의 체제에서 인류가 사회주의냐 야만주의냐 하는 선택에 직면해 있다는 사상을 널리 퍼뜨린 사람이 바로 로자 룩셈부르크였다. 오늘날 우리는 이것이 한낱 슬로건이 아님을 알 수 있다. 보스니아와 남아프리카공화국의 대량 학살 현장에서, 경찰이 빈민가 아이들을 살해하는 브라질의 판자촌에서, 미국의 첨단 무기가 폭격을 가해 완전히 황폐해진 여러 지역에서 야만주의는 곧 현실이다.

그러나 다양한 투쟁이 이런 야만주의에 도전하고 있다. 독일에서는 인종주의 부활에 반대하는 대규모 시위가 열렸고 남아

공에서는 보이파통 학살* 이후 총파업이 벌어졌다. 영국에서도 정부의 탄광 폐쇄 정책에 반대하는 투쟁이 벌어졌다. 다가올 시기에는 훨씬 큰 투쟁들이 더 빈번하게 벌어질 것이다.

사회주의자의 임무는 이 운동의 일부가 되고 이 운동이 승리하도록 정치적 지도를 제공하는 것이다. 그러려면 우리 자신이 준비돼 있어야 한다. 스탈린주의자들과 사회민주주의자들이 범한 오류를 피하려면 명확한 이론으로 무장해야 한다. 이를 위해 로자 룩셈부르크는 필수 불가결하다. 물론 룩셈부르크가 항상 옳았던 것은 아니다. 민족 문제나 혁명 조직의 성격 같은 중요한 문제에서 잘못된 태도를 취하기도 했다. 그렇지만 룩셈부르크의 저작과 생애는 우리가 배울 수 있고 또 배워야만 하는 사상과 경험의 풍부한 원천이다.

이 책을 통해 한국의 사회주의자들이 이 귀중한 유산을 더 쉽게 접할 수 있다면 이 책은 제 몫을 다한 것이다. 스탈린주의가 사멸한 지금, 미래는 스탈린주의가 암흑 속에 내던져 버린 전통, 즉 마르크스·엥겔스·레닌·트로츠키·룩셈부르크의 전통에 달려 있을 것이기 때문이다.

1993년 2월
토니 클리프

---

* 1992년 남아공에서 아파르트헤이트(인종 격리) 체제를 수호하려는 백인 무장 단체가 경찰의 도움을 받아 보이파통 빈민가의 흑인 44명을 학살한 사건.

머리말[*]

1919년 로자 룩셈부르크가 살해됐을 때, 오랜 숙적인 카를 카우츠키는 다음과 같이 썼다. "로자 룩셈부르크와 그녀의 동지들은 사회주의의 역사에서 항상 두드러진 지위를 차지할 것이다. 그러나 그들은 끝나 버린 시대를 대표한다." 카우츠키는 완전히 틀렸다. 독일에서 룩셈부르크가 지켜 낸 혁명적 전통은 룩셈부르크가 죽고 얼마 지나지 않아 결정적 구실을 하게 된다.

룩셈부르크가 투쟁으로 옹호한 사상과 정치적 견해의 많은 부분이 오늘날의 혁명가들에게 여전히 유효하다는 사실은 놀라운 일이 아니다. 룩셈부르크의 분석 가운데 상당 부분이 여러

---

* 이 글은 1983년 7월 이 책의 개정판을 내면서 쓴 린지 저먼의 머리말이다.

사건 속에서 입증됐다. 반면에 룩셈부르크 생애에 그녀를 반대한 사람들(과 오늘날의 그 추종자들)이 보인 타협과 동요는 기껏해야 막다른 골목으로, 최악의 경우에는 파탄으로 귀결된다는 것이 드러났다. 룩셈부르크는 자본주의가 중립화될 수 있고 노동자들에게 이익이 되는 방향으로 변화될 수 있다는 생각에 격렬하게 반대하면서 1890년대에 최초로 개혁주의자들에 대한 공격을 개시했다. 오늘날 우리는 여전히 개혁주의 정당들을 마주하고 있다. 일부 개혁주의 정당들은 프랑스나 스페인에서처럼 정부에 참여하고 있다. 개혁주의 정당에 대한 룩셈부르크의 논박은 여전히 적절하다.

로자 룩셈부르크는 인류가 '사회주의냐 야만주의냐'의 양자택일에 직면해 있다고 말했다. 룩셈부르크는 야만적인 핵전쟁을 상상할 수 없었지만, 그녀의 사상은 우리의 반핵 투쟁에 도움을 준다. 룩셈부르크는 제국주의 시대에는 자본가 사이의 경쟁이 경제적 형태뿐 아니라 점점 더 군사적 형태를 띠므로 반군국주의 투쟁은 (개혁주의자들의 믿음과 달리) 자본주의 체제에 반대하는 투쟁과 따로 떨어진 도덕적 투쟁이 아니라고 주장했다.

룩셈부르크가 가장 크게 기여한 바를 꼽는다면 아마도 대중파업이 사회의 혁명적 변화에서 갈수록 중심적 구실을 하고 있으며 계속 그럴 것이라고 본 점일 것이다. 1956년 헝가리와 1968년 프랑스, 1970년대 초 칠레에 이르기까지 현대 혁명운동의 경험은 그런 분석이 얼마나 올바른 것인지 보여 준다. 그러나 룩셈부르크가 살던 시대에는 그런 분석이 반대에 부딪히거나 무시됐다.

이 모든 사상은 오늘날 사회주의자들이 당면한 몇 가지 주요한 문제를 다루고 있다. 이것이 로자 룩셈부르크를 다룬 토니 클리프의 책을 다시 출판하는 이유다. 클리프가 처음에 이 책을 쓴 목적은 로자 룩셈부르크가 쓴 저작과 활동한 시기에 대해 잘 알지 못하는 독자층이 룩셈부르크의 기본 사상을 쉽게 이해할 수 있게 하려는 것이었다. 이 점에서 이 책은 매우 성공적이다. 민족 문제, 개혁과 혁명, 자본축적에 대한 룩셈부르크의 사상을 다룬 간명한 입문서가 생긴 것이다. 그러나 이 책은 로자 룩셈부르크의 장단점을 온전하게 평가하기에 부족한 점도 있다.

그 이유는 아주 분명하다. 이 책이 25년 전[1959년]에 처음 나왔을 때, 그 목적은 혁명적 사회주의 전통을 거듭 주장하고자 로자 룩셈부르크의 사상을 제시하는 것이었다. 이 전통(마르크스의 표현으로 "노동계급의 해방은 노동계급 자신의 행동"이라는 전통)은 1920년대 이후 거의 사라졌다. 동구의 거대한 스탈린주의 관료 구조와 서구의 공산당이나 사회당은 다수의 이익을 대변하는 소수가 사회주의를 가져온다는 견해를 만들어 냈다. 그리고 여전히 혁명적 사상을 옹호한 소규모 트로츠키주의 단체들은 기이한 방식으로 이런 접근을 반복했다. 그들은 노동계급이 '올바른' 강령(즉, 자신들의 강령)에 이를 것이고 그렇게 해서 혁명을 이뤄 낼 것이라고 여겼다. 달리 말해서, 이 트로츠키주의 단체들은 노동계급의 일상적 계급투쟁에서 배울 것이 없다고 생각했다.

로자 룩셈부르크의 사상은 이런 상황에 비춰 보면 특히 참신하다. 룩셈부르크는 사회주의 혁명이 노동계급의 자발적 행동을 통해 이룩된다고 되풀이해서 강조한다. 혁명가들은 이런 행동에서 배우고 그것을 일반화해야 한다.

이것은 클리프가 이 책을 쓴 시기에 유력한 정치 세력이었던 스탈린주의와는 완전히 이질적인 사상이다. 스탈린주의 정당들은 당이 노동계급의 이익을 대변하고 노동계급을 위해 행동해야 한다고 믿었다. 계급투쟁을 노동계급 자신의 활동으로 생각하지 않았고 혁명가들이 개입해 혁명적 방향으로 이끌어야 한다고 여기지도 않았다. 그보다는 당 지도부가 행동을 결정하고 그런 뒤 노동계급이 그 결정에 동의하게 하려고 노력한다는 것이었다. 자발적 투쟁은 결코 환영하지 않았고 기존 질서에 혼란을 야기할 뿐이거나 흔히 도전하는 것으로 여겼다.

로자 룩셈부르크 자신도 거대하고 수동적이며 선전주의적인 독일 사회민주당(정치 활동 기간 거의 내내 이 당의 당원이었다) 안에서 바로 그런 태도에 직면했다. 그러나 그런 종류의 조직(형식적이고 무능력하며 결국 자본주의 체제를 받아들이고야 마는)을 강력하게 비판했다가 수많은 비판을 받았다. 스탈린과 그 추종자들은 룩셈부르크의 사상을 '자발성주의'라고 규정했다. 룩셈부르크가 단지 자발적 노동자 투쟁의 꽁무니를 좇았으며 이 투쟁을 지도하는 사회주의 조직의 구실을 이해하지 못했다는 것이다.

이런 공격은 로자 룩셈부르크의 견해를 엄청나게 왜곡한 것이다. 룩셈부르크는 항상 조직의 중요성을 강조했다(이것이 룩셈부르크가 독일 사회민주당에서 탈퇴하기를 그토록 꺼린 이유다). 그뿐 아니라, 10대 시절부터 언제나 폴란드와 독일 모두에서 사회주의 조직의 당원이었다. 그렇지만 사회주의 조직에 대한 룩셈부르크의 견해가 때때로 잘못됐다는 점에는 의심의 여지가 없다. 이런 결점은 독일과 러시아 혁명의 향방에 심각한 결과를 초래했다. 그렇기 때문에 계급투쟁, 혁명적 사회주의 조직, 그리고 둘의 관계에 대한 룩셈부르크의 글들은 더 꼼꼼하게 검토할 가치가 있다. 클리프의 원래 책은 이 점을 충분하고 상세하게 다루지 않았다. 또한 1960년대에 유럽의 혁명적 좌파가 성장하고 뒤이어 부침을 겪기 전에 썼기 때문에 최근 경험을 룩셈부르크의 견해에 비춰 검증해 보지 않는다.

계급투쟁에 관한 룩셈부르크의 저술 가운데 가장 훌륭한 것은 1905년 러시아 혁명을 다룬 소책자 《대중파업》이다. 여기서 룩셈부르크는 새로운 현상(총파업)을 설명했다. 오늘날에는 총파업이라는 생각이 결코 이상하지 않지만, 1906년에는 포탄의 굉

음처럼 사람들을 놀라게 하는 것이었다. 지금은 거의 믿을 수 없겠지만, 총파업에 대한 사회주의자들의 태도는 언제나 매우 부정적이었다. 총파업을 자본주의를 파괴하는 방법으로 강조한 사람들은 항상 아나키스트들이었다. 비록 아나키스트들은 필요한 것은 오직 총파업뿐이라고 믿었지만 말이다. 사회주의자들은 총파업을 하나의 전술로 받아들였을 때조차 본질적으로 방어적인 것으로 여겼다.

이것이 1905년 러시아 혁명이 일어났을 때 독일 사회민주당의 태도였다. 로자 룩셈부르크가 사태를 분석하고 내린 결론은 이런 생각에 강력하게 도전하는 것이었다. 그 때문에 룩셈부르크는 다양한 사회민주당원들, 특히 노동조합 지도자들한테서 개인적이고 정치적인 공격을 받게 됐다. 룩셈부르크는 노동조합 활동을 (결코 끝나지 않는) "시시포스의 노동"으로* 묘사했기 때문에 노동조합 지도자들에게는 항상 인기가 없었다. 룩셈부르크가 독일 노동자들에게 법질서를 존중하는 노동조합들의 태도를 뛰어넘어 투쟁해야 한다고 고무했기 때문에 노조 지도자들은 대경실색했다.

---

* 그리스신화에 나오는 코린트의 왕 시시포스는 제우스를 속인 죄로 지옥에 떨어져 바위를 산 위로 밀어 올리는 벌을 받았다. 그가 밀어 올리는 바위는 산꼭대기에 이르면 다시 아래로 굴러떨어지기 때문에 영원히 이 일을 되풀이해야 했다.

《대중파업》은 혁명 과정에서 파업의 구실을 새롭고 독창적으로 인정한 것이었다. 로자 룩셈부르크는 자본주의가 발전함에 따라 대중파업이 갈수록 중심적인 것이 되리라고 봤다. 사회주의 혁명은 단순히 어느 한 집단이 자본주의 체제를 접수하는 것이 아니다. 단지 정치형태의 표면적 변화가 아니다. 사회주의 혁명은 바로 자본주의 체제의 심장부를 강타하는 노동자들의 경제적 도전이며 그래야 한다. 그래야만 노동자들이 정치권력을 장악할 수 있다.

로자 룩셈부르크는 정치투쟁과 경제투쟁이 나뉜다는 생각(예나 지금이나 개혁주의자들에게 사랑받는 생각)을 조롱했다. 파업은 외견상 사소한 경제적 요구들에서 시작할 수 있지만 급속히 확산돼 더 광범한 정치적 수준의 도전(정부·사용자·법률에 반대하는)이 될 수 있다. 동전의 다른 측면은 정치혁명이 경제적 도전이 돼야만 한다는 것이고 그러지 않으면 실패할 것(1918~19년 독일 혁명 과정에서 룩셈부르크는 다시 이 주장을 펼쳤다)이라고 말했다.

룩셈부르크는 또한 파업이 기계적 방식으로 일어난다거나 파업의 경로가 기계적으로 결정된다는 생각을 공격했다. 정당은 파업이 언제 어떻게 일어날지 말할 수 없다. 룩셈부르크는 "대중파업은 그 결정이 가장 강력한 사회민주당의 최고위원회에서 나왔을 때조차 자의적으로 요구될 수 없다"고 썼다. 또한 혁명적 총파업은 혁명의 잠재력이 없는 시기에는 일어날 수 없을 것이다.

《대중파업》은 '후진국' 러시아의 파업과 혁명을 기념하는 소책자였고 혁명가들에게는 안내서였으며 독일 사회민주당 내 노동조합 지도자들에 대한 공격을 함축하기도 했다. 오늘날의 노동조합 관료 집단과 마찬가지로, 그들은 총파업을 혁명 투쟁의 필수 구성 요소로 보기보다는 마지막 수단, 즉 일종의 압력 수단으로 바라봤다.

로자 룩셈부르크는 노동계급이 스스로 해방해야 하며 이런 자기해방의 본질 때문에 미리 설계된 청사진이란 있을 수 없다고 시종일관 강조했다. 그러면서 사회주의 정당들 내부의 관료화를 공격했다. 그러나 이 과정에서 (항상 조직의 필요성을 역설하긴 했지만) 어떤 종류의 조직이 필요한지에 대해서는 정식화하지 않았다. 여기서 주요한 약점 하나가 드러난다.

제2인터내셔널의 다른 모든 지도적 인물들과 마찬가지로, 로자 룩셈부르크는 그 시대와 상황의 산물이었다. 사회민주주의 정당들은 19세기의 마지막 몇 해에 성장해 종종 상당한 규모의 조직으로 발전했다. 이 조직들은 공식적으로는 마르크스의 정치를 신봉했지만 때때로 그 대열 안에 개혁주의자들과 혁명가들 (그리고 그 사이에서 동요하는 자들)을 모두 포함했다. 사회주의는 점진적이고 필연적으로 도래할 것이며 따라서 자신들의 주요 임무는 일상의 계급투쟁에 개입하는 것이 아니라 선전이라는 민음이 지배하고 있었다. 이 정당들의 사회주의적 신념은 흔히 실천에서 검증된 것이 아니었다. 이것은 이 정당들에 생각이 아주 조금밖에 일치하지 않는 사람들이 포함돼 있었음을 의미한다.

룩셈부르크는 독일 사회민주당원 상당수의 정치가 의심스럽다는 점을 언제나 (아마 어느 누구보다 날카롭게) 인식하고 있었다. 그녀는 또한 노동자들의 일상 투쟁에 참가할 필요성을 이해했다. 그러나 룩셈부르크는 이런 인식에서 결코 조직상의 결론을 이끌어 내지 않았다. 그녀는 생애 거의 마지막까지 사회민주당에 남아 있는 것 말고는 대안이 없다고 생각했다.

훨씬 더 성공적으로 개입해 마침내 노동계급이 국가권력을 장악하도록 지도할 수 있는 조직 형태를 발전시킨 것은 훨씬 작은 규모의 사회주의 운동이던 러시아의 볼셰비키와 레닌이었다. 1903년에 러시아 사회민주노동당RSDLP은 외견상 사소해 보인 문제(당원들이 당 규율에 따라 활동해야 하는가 아니면 당원 자격 조건이 훨씬 더 느슨해야 하는가)를 놓고 분열했다. 이 분열로 생긴 두 정당이 볼셰비키와 멘셰비키다.

로자 룩셈부르크는 이 분열과 레닌의 규율 있는 '민주적 중앙집중주의' 개념을 공격했다. 그녀는 레닌과 마찬가지로 러시아의 특수한 조건(후진적인 경제, 소수의 노동계급과 전제적이고 억압적인 정부)을 인정했지만, 이 때문에 당 조직을 중앙집중화할 수는 없다고 주장했다. "극단적 중앙집중주의"는 러시아 사회민주노동당을 노동계급과 단절시킬 것이라고 말했다.

반면 레닌은 바로 이런 러시아의 특수한 조건 때문에 노동계급이 중앙집중적 정당 없이 사회주의 혁명을 성취할 수는 없을 것이라고 주장했다. 독일에 있는 것과 같은 느슨하고 무기력한 당은 (레닌은 훨씬 뒤에야 독일 사회민주당의 조직 형태 자체가 잘못됐음을 깨달았지만) 러시아에 알맞지 않을 것이다. 그래서 레닌은 일단 민주적으로 결정하면 (통일되고 일관성 있게) 그 결정을 집행하는 규율 있는 조직을 건설하기 시작했다. 룩셈부르크가 레닌을 비판한 유일한 사람은 아니었다. 국내외의 잘 알려진 많은 사회주의자들도 레닌을 비판했다. 레닌은 불필요하게 종파적이고 정당의 기반을 협소하게 만들고 소수의 '자코뱅' 독재를 수립하기 원한다고 비난받았다. 레닌은 1903년에 다음과 같이 자신의 주장을 설명했다. "우리는 단지 말만 하는 사람과 활동하는 사람을 구분하고, 조직의 혼란을 제거하며, 당원들로 구성됐지만 당 조직이 아닌 조직이 있을 수 있는 터무니없고 우스꽝스러운 가능성을 제거하기 위해 '당원' 개념을 제한해야 한다고 주장했다."

레닌은 혁명적 정당은 행동을 통일해야 하며 행동 통일은 이론적 명료성과 정치적 인식을 위한 필수 조건이라고 말했다. "사상적 통일을 이룬다는 것은 다음과 같은 것이다. 명확한 사상을 선전하고, 계급적 차이를 분명히 밝히고, 사상적 경계를 확정하고 … 전진

하도록 하는 사상, 진보적 계급의 사상을 선전하는 것이다."

레닌이 이런 정당을 건설하면서 해내려 한 것은 바로 당원들을 실천에서 시험하는 것이었다. 다시 말해, 1905년 혁명이라는 '예행연습'을 통해 볼셰비키는 혁명에 개입할 수 있었을 뿐 아니라 대중파업의 교훈을 배우고 이 투쟁에서 갑자기 솟아난 새로운 소비에트, 즉 노동자평의회가 어떤 의미인지, 소비에트에서 정당의 구실이 무엇인지도 배울 수 있었다. 볼셰비키는 1905년 혁명 뒤의 반동기에 세력이 축소됐지만 별 지지를 받지 못했을 때조차 응집력을 유지할 수 있었다. 그리고 1917년에 성공을 거둔다.

러시아의 1917년 2월 혁명은 로자 룩셈부르크가 일찍이 《대중파업》에서 묘사한 방식(대규모 노동자 투쟁의 자발적 고양)으로 일어났다. 2월 혁명은 볼셰비키가 지도하지 않았다. 볼셰비키는 정말 불시에 허를 찔렸다. 볼셰비키는 이 투쟁과 어떻게 연관 맺고 투쟁을 일반화하며 확산할 수 있는가 하는 시험대에 올랐다. 볼셰비키는 단단한 구조와 조직, 정치적 명확함 덕택에 혁명의 계급적 본질을 파악할 수 있었고, 6월에 노동계급의 가장 선진적인 부분이 때 이른 봉기를 일으키려는 것을 막을 수 있었고, 8월에는 코르닐로프의 우익 쿠데타를 물리칠 수 있었으며, 마침내 10월에 봉기를 성공으로 이끌 수 있었다.

달리 말해, 볼셰비키는 혁명 과정에서 결정적 순간(노동자 권력의 성공 여부가 기로에 섰을 때)마다 단호하게 행동해 혁명을 성공으로 이끌 수 있었다.

　러시아의 소비에트 권력은 유럽 전체에 혁명의 물결을 일으켰다. 이것은 매우 중요했다. 레닌 자신도 "독일에서 혁명이 일어나지 않으면 우리는 파멸할 것"이라고 말했다. 러시아는 홀로 사회주의를 지탱하기에는 경제적으로 너무 뒤떨어져 있었다. 가장 강력한 노동자 운동과 가장 커다란 사회주의 정당이 존재하는 주요 자본주의 강국인 독일로 모든 시선이 쏠렸다. 그러나 독일 사회민주당은 사회주의 혁명에 헌신하기는커녕, 자본주의 체제를 떠받치고자 무슨 짓이든 서슴지 않을 태세임을 드러낸 바 있었다.

　로자 룩셈부르크는 이 점을 점점 깨달았다. 그녀는 사회민주당 내부의 여러 집단('수정주의자', 노동조합 지도자, '점진주의자')과 논쟁했다. 그러나 말과 행동이 따로 노는 사회민주당의 본질 때문에 이 논쟁은 순전히 추상적 논쟁에 머물렀다. 그래서 룩셈부르크가 영향력을 미쳐야 하는 평범한 노동자들과 당원들에게는 논쟁이 항상 너무 어려웠고 그녀는 여전히 소수파였다.

　그런 정치적 논쟁들은 또한 갈수록 평당원들과 분리됐다. 사회민주당은 지배계급의 사상과 싸우는 수단이 되기는커녕 오히려 지배계급의 사상을 반영하는 정당이 돼 버렸다. 이런 상황은 룩셈부르크가 대변하는 것에 모두 반대되는 것이었다. 그러나 그녀는 대안 정당을 만든다는 생각에는 소극적이었다. 룩셈부르크는 1914년 제1차세계대전 이전 몇 년 동안 점점 고립됐지만 사회민주당에 남아 있었다. 그녀는 사회민주당의 우경화에 맞서 싸워야 한다는 데 공감하는 사람들과 소규모 그룹을 형성했지만, 선전 그룹에 머물렀고 노동자 당원들과 실질적 연계를 맺지 못했다.

1914년 독일의 제국주의 전쟁을 지지한 사회민주당 지도부의 배신이 룩셈부르크에게는 아마 완전히 놀랍지는 않았을 것이다. 이 사건보다는 덜 심각했지만, 1911년 모로코 위기에 대한 사회민주당 지도부의 반응도 유사했다.* 룩셈부르크에게 충격이 훨씬 더 컸던 것은 당원들과 노동계급 운동이 지도부를 대체로 지지하는 분위기였다는 것이다. 전쟁에 반대하는 룩셈부르크의 견해를 지지한 사람은 몇몇 개인뿐이었다. 정치적으로 고립된 것이다.

그러나 이때조차 룩셈부르크는 사회민주당과 결별하지 않았다. 1917년에 독립파가 반전 분위기의 압력으로 탈당해 자신들의 조직[독립사회민주당]을 세웠을 때에야 룩셈부르크도 사회민주당을 떠났다. 그리고 1918년 말 감옥에서 석방되고 나서야, 볼셰비키형 정당인 독일 공산당KPD을 건설하는 데 착수했다. 그러나

---

* 1911년 모로코인들이 프랑스의 식민 지배에 맞서 반란을 일으키자 독일은 자국 상인들을 보호한다는 명목으로 파병했다. 독일 사회민주당은 이 군사개입을 사실상 지지했고 공립학교에서 교련 수업을 실시하고 군수물자 납품 계약의 일부를 사회민주당 산하 협동조합에 배정하라는 결의안을 제국의회에 제출했다.

룩셈부르크는 맹아 상태의 정당이 너무 미숙해 발전하기 어렵다고 생각하면서 이 일조차 썩 내키지 않아 했다.

왜 로자 룩셈부르크는 볼셰비키 유형을 따라 독립적인 혁명적 정당을 건설하지 않았을까?

우선, 1917년 이전에는 아무도 레닌이 발전시킨 이론이 일반적으로 적용된다고 생각하지 않았다. 이런 특별한 형태의 조직은 단지 러시아라는 특수한 상황에만 적용된다고들 말했다. 다음으로, 룩셈부르크가 속한 독일 사회민주당은 세계에서 단연 가장 크고 권위 있는 노동자 정당이었다. 사회민주당에서 분리한다는 생각은 대다수 사람들에게는 엄두도 내지 못할 일이었다. 그리고 실천에서 지배적 정치관이 선전이었으므로, 작은 정당보다 큰 정당을 통해 자신들의 사상을 널리 알리는 것이 명백히 현명한 행동이었다.

그러나 룩셈부르크가 지적 논증의 힘에 매우 크게 의존한 것도 사실이었다. 이것은 룩셈부르크가 비록 혁명적 사상이 어떤 시기에는 소수의 사상에 머물러 있을지라도 혁명이 도래하면 노동계급이 혁명적 사상에 의지할 것이라고 생각했음을 의미했다. 어떤 의미에서는 이 점은 분명한 사실이었다. 1918~19년 수많은 독일 노동자들이 실제로 혁명적 사상을 찾았다. 그러나 그들은 로자 룩셈부르크와 신생 독일 공산당에 의지하지 않고 오래된 정당과 그 지도자들(혁명적 시기에는 좌파적 사상을 이야기할 수 있었지만 과거에는 말과 행동이 매우 달랐던 사람들)에게 의지했다. 룩셈부르크는 혁명적 정치의 원칙을 일관되게 견지했다. 그러나 그녀가 대개 사회민주당에서 드러나지 않은 채로 있었기 때문에, 노동자 대중은 이 사실을 알지 못했다.

또한 지적 논증의 힘을 믿는 것은 당의 일상적 운영과 건설에 어느 정도 초연한 태도를 낳았다. 룩셈부르크가 속한 다른 정당이자 독일 사회민주당보다 정당 결성에서 룩셈부르크의 기여가 훨씬 컸던 정당인 폴란드 사회민주당을 보면 이 점을 어렴풋이 짐작할 수 있다. 룩셈부르크의 전기 작가 존 네틀은 1905년 혁명 동안에 나온 폴란드 사회민주당의 유인물이 볼셰비키의 유인물보다 훨씬 지식인풍이고 추상적이었으며 노동자 투쟁과 연계도 훨씬 적었다고 지적한다.

이 점은 순전히 우연은 아니었다. 그것은 정당이 일상 투쟁에서 당원들의 경험을 통해 성장한다고 보기보다 완전히 성숙한 상태에서 등장하는 것으로 여기는 태도에서 비롯했다. 로자 룩셈부르크의 연인이자 평생의 협력자인 폴란드 사회민주당 지도자 레오 요기헤스는 1918년에 독일 공산당 결성에 회의적 견해를 나타낸 바 있다. 아직 너무 미숙하다(부정할 수 없는 사실이었다)는 이유였다. 이런 견해는 정당이 운동에 개입하며 시간의 검증을 이겨 내야 정치적으로 성숙해지는 것으로 보기보다 마치 마술처럼 나타나 상황에 부합할 것으로 기대한 것과 별 다를

바 없다.

혁명적 사회주의 정당을 제때 건설하지 못한 것은 독일 혁명에 매우 나쁜 영향을 미쳤다. 레닌과 달리, 룩셈부르크에게는 혁명의 열기 속에 내던져지기 전에 작은 논쟁들을 겪으면서 시험받고 검증받을 수 있는 조직이 없었다. 그래서 신생 독일 공산당은 1918~19년의 혁명적 기회를 온전히 이용할 수 없었다.

로자 룩셈부르크 자신도 혁명적 사회주의 정당의 건설에 실패함으로써 고통받았다. 아무리 재능 있는 사회주의자라도 계속 고립되면 정치적으로 문제가 생기기 마련이다. 이것이 바로 룩셈부르크가 정치 활동 내내 겪은 일이다. 그녀는 대단히 용기 있게 사회민주당 지도부에 반대하는 연설과 행동을 했지만 어디까지나 개인으로서 그런 일을 했다. 레닌은 (룩셈부르크가 저자라는 것을 알기 전에) 《유니우스 팸플릿》에 대해 다음과 같이 썼다. "《유니우스 팸플릿》을 읽다 보면 늘 혁명적 슬로건을 철저하게 고민하고 혁명적 정신으로 대중을 체계적으로 교육하는 비합법 조직에서 동지도 없이 분투하는 외로운 사람이 떠오른다."

룩셈부르크는 1918년 11월 감옥에서 석방됐을 때 독일 혁명의 당면 문제가 무엇인지 예리하게 인식했다. 또한 혁명적 사회주의 정당을 건설해야 한다는 것도 이해했다. 그러나 개인으로서 행동했기 때문에 룩셈부르크는 최상의 노동계급 부위와 멀어지지 않을까 우려해 대중 앞에서 정치적으로 선명하게 주장하기를 꺼리는 경향이 있었다.

레닌과 볼셰비키는 오랫동안 힘겨운 계급투쟁을 치르면서 시련을 겪고 검증받으며 존경받은 경험 많은 공장 노동자 당원들이 많았기 때문에 혁명이 끓어오르는 시기에 노동자들의 행동을 비판할 수 있었다. 1917년 7월에 성급한 봉기로 재난을 초래하는 것을 막으려고 노동자들을 말린 것이 한 예였다. 경험 많은 당원들이 노동계급 속에서 논쟁을 벌이고 논쟁에서 이긴 덕분이었다. 그러나 룩셈부르크는 고립됐고 제때 혁명적 사회주의 정당을 건설하지 못했기 때문에 견고한 지지 기반이 없었다. 룩셈부르크는 투쟁의 열기 속에서 노동자들을 저버리는 것으로 보일까봐 비판하기를 꺼렸다. 그러나 1919년 1월 독일 노동자들이 때이른 봉기를 일으킨 데서 보듯, 그런 비판은 꼭 필요했다.

그 결과 엄청난 개인적·정치적 비극이 일어났다. 로자 룩셈부르크 자신과 카를 리프크네히트, 또 많은 사람들이 목숨을 잃었다. 그러나 그들만 비극을 겪은 게 아니었다. 몇 년 지나지 않아 혁명적 사회주의 정당의 부재는 독일 혁명의 패배로 귀결됐고 곧 세계 수준에서 사회주의적 전망이 패배했다. 독일에서 파시즘이, 러시아에서 스탈린주의가 성장한 것이다. 룩셈부르크는 노동자들의 자발적 투쟁을 감동적으로 옹호했지만, 노동자 투쟁이 분출해 국가권력에 도전하고 그 힘을 국가권력 장악에 사용해야 하는 상황에서는 그것으로 불충분했다.

사후에 룩셈부르크는 '혁명' 소리만 하면 삼십육계 줄행랑치는 온갖 사람들에게 찬양받는 불행을 당했다. 룩셈부르크가 자발성을 강조했다는 점과 조직을 평가절하했다는 스탈린주의자들의 주장 때문에 에릭 헤퍼와 마이클 풋처럼 룩셈부르크의 정치와 거리가 먼 노동당 지도자들이 그녀를 찬양했다. 룩셈부르크는 이런 찬양을 역겨워했을 것이다. 그들이 독일 사회민주당의 당원이었다면 룩셈부르크는 그들을 몇 번이고 격렬하게 비판했을 것이기 때문이다. 오늘날 자신의 저서 일부가 레닌의 당 개념을 공격하는 근거로 이용되는 것을 본다면 충격을 받을 것이다. 이런 가정이 의심스러운 사람은 룩셈부르크가 개혁과 혁명 사이에 중간적 길이 있다고 믿는 자들을 논박한 글(예를 들어 "이것이냐 저것이냐Either Or")을 읽어 봐야 한다.

로자 룩셈부르크는 분명히 혁명적 사회주의와 국제주의, 노동계급의 자기해방 전통에 서 있었다.

1장
로자 룩셈부르크의
간략한 전기

로자 룩셈부르크는 1871년 3월 5일 폴란드의 소도시 자모시치에서 태어났다. 룩셈부르크는 어린 시절부터 사회주의 운동에 적극 뛰어들었다. 룩셈부르크는 '프롤레타리아'라는 혁명적 정당에 가입했는데, 이 조직은 러시아 사회민주노동당(볼셰비키와 멘셰비키)보다 21년 앞선 1882년에 창립됐다. '프롤레타리아'는 처음부터 원칙과 강령에서 러시아의 혁명운동보다 많이 앞섰다. 러시아의 혁명운동은 아직 소수의 영웅적 지식인들이 수행하는 개인적 테러리즘에 머물렀지만 '프롤레타리아'는 파업을 벌이는 노동자 수천 명을 조직하고 지도하고 있었다. 그러나 1886년에 지도자 4명이 처형되고 23명이 투옥돼 장기 강제노동에 처해지고 200여 명이 추방되자 '프롤레타리아'는 사실상 활동 능력을 상실했다. 소규모 그룹들만 살아남았는데, 룩셈부르크가 16살에 가입한 곳이 그중 하나였다. 1889년 경찰이 룩셈부르크를 체포하려 했다. 룩셈부르크의 동지들이 그녀가 감옥보다는 해외에서 더 유용한 일을 할 수 있다고 생각해 룩셈부르크는 폴란드를 떠났다. 그녀는 폴란드와 러시아 이민자들이 가장 많이 모이던 스위스의 취리히로 갔다. 그곳에서 대학에 입학해 자연과학, 수학, 경제학을 공부했다. 또 취리히의 노동운동에 적극 참가하고 이주민 혁명가들과 지적 교류도 활발히 했다.

2년도 채 되지 않아 룩셈부르크는 폴란드의 혁명적 사회주의 정당의 이론적 지도자로 인정받았다. 그녀는 파리에서 발행되던 당 기관지 〈스프라바 로보트니차〉(노동자의 대의)의 주요 기고자가 됐다. 1894년 '프롤레타리아'는 폴란드왕국사회민주당SDKP으로 당명을 바꿨고 얼마 후 리투아니아를 당명에 추가했다. 룩셈부르크는 생의 마지막 순간까지 폴란드·리투아니아왕국사회민주당SDKPL의 이론적 지도자였다.

1893년 8월 룩셈부르크는 폴란드 사회민주당을 대표해 사회주의인터내셔널[제2인터내셔널] 대회에 참가했다. 22살의 젊은 여성인 룩셈부르크는 대회에서 다른 폴란드 정당인 사회당PPS의 유명한 지도자들과 논쟁해야 했다. 폴란드 사회당은 폴란드 독립을 핵심 강령으로 내세웠고 국제 사회주의 운동의 경험 많은 원로들의 인정을 받고 있었다. 폴란드 민족운동에 대한 지지는 국제 사회주의 운동의 오랜 전통이었다. 마르크스와 엥겔스도 이 것을 중요한 강령으로 삼았다. 그런데도 룩셈부르크는 굴하지 않고 폴란드 사회당이 명백하게 민족주의적이고 노동자들을 계급투쟁에서 이탈시키는 경향이 있다고 비판했다. 룩셈부르크는 대담하게도 사회주의 운동의 원로들과 다른 견해를 취하며 폴란드 독립 슬로건을 반대했다(민족 문제에 대한 룩셈부르크의 견해는 6장에서 다룬다). 룩셈부르크의 논적들은 험담을 퍼부었고 일부 사람들(예컨대, 마르크스와 엥겔스의 수제자이자 친구인 빌헬름 리프크네히트)은 룩셈부르크가 차르 비밀경찰의 첩자라고 비난하기까지 했다. 그러나 룩셈부르크는 자신의 견해를 고수했다.

룩셈부르크의 지적 능력이 급성장했다. 그녀는 국제 노동운동의 중심지인 독일에 크게 매혹됐고 그곳에서 1898년부터 명성을 쌓기 시작했다.

룩셈부르크는 열심히 글을 썼고 얼마 후에는 당시 가장 중요한 마르크스주의 이론지《디 노이에 차이트》(새 시대)의 주요 기고자가 됐다. 언제나 스스로 판단하고 비판했으므로 일단 확신이 선 견해는《디 노이에 차이트》편집자이자 당시 '마르크스주의의 교황'으로 불린 카를 카우츠키의 엄청난 권위로도 꺾지 못했다.

룩셈부르크는 모든 열정을 쏟아 독일 노동운동에 참여했다.

여러 사회주의 신문에 정기적으로 기고했고 간혹 편집자를 맡기도 했다. 많은 대중 집회에서 연설했고 운동이 부여한 임무를 모두 열의 있게 수행했다. 룩셈부르크의 연설과 논문은 언제나 독창적이었는데, 감정보다는 이성에 호소했고 독자들이 더 다양하고 깊이 있게 세상을 볼 수 있도록 했다.

당시 독일의 운동은 개혁주의 경향과 혁명적 경향으로 나뉘어 개혁주의 경향이 더 우세했다. 독일은 1873년의 불황 이후 계속 호황을 누렸다. 노동자들의 생활수준은 더디지만 꾸준히 개선됐다. 노동조합과 협동조합이 더 탄탄하게 성장했다. 이런 상황에서 사회민주당의 의석이 증가하자 노동운동의 관료층은 혁명을 멀리하고 이미 점진주의나 개혁주의를 원칙으로 주장한 자들에게 큰 힘을 실어 줬다. 이 경향의 주요 대변자는 엥겔스의 제자 에두아르트 베른슈타인이었다. 1896~98년에 베른슈타인은 《디 노이에 차이트》에 "사회주의의 제반 문제"라는 글을 연재하며 마르크스주의의 원칙을 점점 더 노골적으로 공격했다. 격렬한 논쟁이 오래 계속됐다. 이제 막 독일 노동운동에 입문한 룩셈부르크는 즉각 나서 마르크스주의를 옹호했다. 개혁주의라는 암이 퍼지는 것에 맞서 소책자 《개혁이냐 혁명이냐》에서 날카롭고 강력한 비판을 펼쳤다(자세한 내용은 2장에서 다룬다).

얼마 후 1899년에는 프랑스 '사회주의자' 밀랑이 자본가 정당과 연립정부를 구성했다. 룩셈부르크는 프랑스의 실험을 면밀하게 관찰하고 분석해 프랑스 노동운동의 전반적 상황과 특히 연립정부 문제를 다루는 뛰어난 글들을 발표했다(2장 참조). 영국의 맥도널드 정부, 독일의 바이마르공화국, 프랑스의 1930년대 민중전선과 제2차세계대전 이후 연립정부들이 모두 완전히 실패한 것을 보면 룩셈부르크가 이끌어 낸 교훈은 분명 역사적 흥밋거리만은 아니다.

1903~04년 룩셈부르크는 레닌과 논쟁을 벌였는데, 민족 문제(6장 참조), 당 조직 개념, 당과 대중 활동의 관계(5장 참조)에서 레닌과 견해를 달리했다.

1904년에는 황제모독죄로 3개월형을 선고받고 한 달 동안 옥살이를 했다.

1차 러시아 혁명이 일어난 1905년에는 폴란드 사회민주당을 위해 여러 논문과 소책자를 썼는데, 이때 룩셈부르크는 트로츠키와 파르부스가 각자 발전시켰으나 당시 마르크스주의자들은 거의 주목하지 않은 연속혁명 개념을 발전시켰다. 멘셰비키와 볼셰비키는 대체로 견해차가 매우 컸지만 다가올 러시아 혁명이 부르주아 혁명이라는 것에는 생각이 같았다. 반면 룩셈부르크는 러시아 혁명이 부르주아 민주주의 단계를 넘어서 발전할 것이고 노동계급이 권력을 장악하거나 완전히 패배할 것이라고 주장했다. 룩셈부르크가 제시한 구호는 '농민에 기초한 프롤레타리아의 혁명적 독재'였다.[1]

그러나 룩셈부르크는 혁명에 대해 생각하고 쓰고 말하는 데 만족하지 않았다. '태초에 행동이 있었다'는 게 룩셈부르크의 좌우명이었다. 당시 룩셈부르크는 건강이 좋지 않았지만 기회를 엿보다 1905년 12월 러시아령 폴란드로 밀입국했다. 이때는 혁명이 정점을 찍고 사그라지고 있었다. 대중은 여전히 활력이 있었지만 반동이 고개를 쳐들고 있었기 때문에 주저하기 시작했다. 집회가 모두 금지되자 노동자들은 자기 근거지인 공장에서 집회를 열었다. 모든 노동자 신문이 탄압받았지만 룩셈부르크가 속한 사회민주당의 기관지는 비밀리에 인쇄해야 하는 어려움 속에서도 매일 발행됐다. 1906년 3월 4일 룩셈부르크는 체포돼 넉 달 동안 감옥과 요새에 억류됐다. 그 뒤 건강이 악화되고 국적도 독일이라 석방 후 추방됐다.

1905년 러시아 혁명으로 룩셈부르크는 전부터 확신한 것, 즉 정치적·경제적 대중파업은 권력 장악을 위한 혁명적 노동자 투쟁의 근본 요소이고 사회주의 혁명과 이전 모든 혁명의 차이점이라는 생각을 구체화할 수 있었다. 룩셈부르크는 새로운 역사적 경험을 바탕으로 대중파업 이론을 정교하게 다듬었다(3장 참조).

룩셈부르크는 대중파업의 효과를 공개 모임에서 주장했는데, 이 때문에 폭력선동죄로 기소돼 독일에서도 두 달 동안 옥살이를 했다.

1907년에는 슈투트가르트에서 열린 제2인터내셔널 대회에 참여했다. 러시아와 폴란드 당을 대표해 연설한 룩셈부르크는 제국주의 전쟁과 군국주의에 대해 혁명적 태도를 일관되게 견지해야 한다고 주장했다(4장 참조).

1905~10년에 카우츠키가 이론적 대변자인 독일 사회민주당의 중간파 지도부와 룩셈부르크 사이에 불화가 깊어졌다. 이미 1907년에 룩셈부르크는 당 지도부가 마르크스주의를 표방하면서도 결정적 행동이 필요한 상황에서 꽁무니를 뺄지 모른다고 우려했다. 분열은 1910년 룩셈부르크와 카우츠키가 노동계급의 권력 장악 문제를 두고 완전히 결별하면서 절정에 달했다. 이때부터 독일 사회민주당은 다음의 세 경향으로 쪼개졌다. 개혁주의자들은 점차 제국주의 정책을 받아들였다. 카우츠키(룩셈부르크가 '늪의 지도자'라는 별명을 붙였다)가 이끄는 이른바 마르크스주의 중간파는 급진적으로 말하지만 갈수록 의회 투쟁 방식으로 기울었다. 또 하나가 룩셈부르크가 중심인 혁명적 경향이었다.

1913년 룩셈부르크는 자신의 가장 중요한 이론적 저작인《자본의 축적: 제국주의에 대한 경제적 설명》을 출간했다. 이 책은 의심할 바 없이《자본론》이후 마르크스주의 경제학에 기여한 가장 독창적인 저서 가운데 하나다. 마르크스의 전기 작가 프란츠 메링이 말했듯이, 이 책은 풍부한 지식과 지적 독창성에서 마르크스주의 저작 중《자본론》에 가장 근접한 것이었다. 이 책이

다루는 핵심 주제는 이론적·정치적으로 엄청나게 중요하다. 즉, 후진적 지역으로 자본주의가 새롭게 팽창하는 것이 자본주의를 파괴하는 내적 모순과 체제의 안정에 어떤 영향을 미치는지 다룬다(자세한 내용은 8장 참조).

1914년 2월 2일 룩셈부르크는 병사들한테 반란을 선동했다는 이유로 체포됐다. 죄목의 근거는 다음과 같은 연설 대목이었다. "저들이 우리에게 프랑스나 다른 나라 형제들을 살해하라고 요구한다면 우리는 '안 된다. 결코 그럴 수 없다' 하고 말합시다." 법정에서 룩셈부르크는 피고가 아닌 검사였다. 그녀의 법정 진술은 혁명적 사회주의 관점에서 제국주의를 비판한 매우 감동적인 연설이었고 나중에 《군국주의, 전쟁, 노동계급》이라는 제목으로 출판됐다. 룩셈부르크는 1년형을 선고받았으나 즉시 수감되지는 않았다. 그녀는 법정에서 나오자마자 대중 집회에 참가해 혁명적 반전 주장을 계속했다.

제1차세계대전이 일어나자 독일 사회민주당 지도부는 거의 전부가 애국주의 물결에 휩쓸렸다. 1914년 8월 3일 사회민주당 의원단은 독일 정부의 전쟁공채 발행에 찬성하기로 결정했다. 의원 111명 가운데 겨우 15명만이 반대표를 던지려 했다. 그러나 당 지도부가 반대투표를 허용하지 않자 사회민주당 의원들은 당의 규율에 복종해 8월 4일 만장일치로 공채 발행에 찬성표를 던졌다. 몇 달 후 12월 2일 추가 공채 발행안이 상정되자 카를 리프크네히트는 당규를 어기고 자신의 양심에 따라 투표했다. 반대 표를 던진 사람은 리프크네히트가 유일했다.

사회민주당 지도부가 이런 결정을 내리자 룩셈부르크는 엄청 나게 충격받았다. 그렇지만 절망하지는 않았다. 8월 4일 사회민 주당 의원들이 독일제국의 깃발로 집결한 바로 그날 소수의 사 회주의자들이 룩셈부르크의 집에 모여 반전 투쟁을 시작하기로 결의했다. 로자 룩셈부르크, 카를 리프크네히트, 프란츠 메링, 클 라라 체트킨이 이끈 이 그룹은 나중에 스파르타쿠스동맹이 됐 다. 그 뒤 4년 동안 룩셈부르크는 주로 감옥에 갇혀 지내면서도 국제 사회주의 기치를 높이 들고 혁명가들을 고무하며 지도하고 조직했다(상세한 논의는 4장에서 다룬다).

전쟁으로 폴란드 노동운동과 단절됐지만 룩셈부르크는 분명 폴란드 사회민주당이 국제 사회주의 사상에 시종일관 충실했다 는 사실에 깊이 만족했을 것이다.

1917년 러시아의 2월 혁명으로 전쟁에 혁명적으로 반대하고 제국주의 정부 타도 투쟁을 벌인다는 룩셈부르크의 방침이 현 실화됐다. 러시아 혁명에 열광한 룩셈부르크는 미래를 위한 교훈 을 이끌어 내고자 감옥에서 혁명의 추이를 추적하며 면밀하게 연구했다. 그녀는 2월 혁명의 승리가 투쟁의 끝이 아니라 시작이 며 노동자 권력만이 평화를 가져올 것이라고 주저 없이 말했다. 또한 감옥에서 독일 노동자들과 병사들에게 러시아 형제들을 뒤

따라 융커[지주 귀족]와 자본가들을 타도해 러시아 혁명에 기여하고 우리 자신도 자본주의적 야만의 잔해에 깔려 피 흘리고 죽는 일이 없게 하자고 거듭 요청했다.

1917년 러시아에서 10월 혁명이 일어나자 룩셈부르크는 최고의 찬사를 보내면서 10월 혁명을 열정적으로 환영했다. 그러나 볼셰비키의 행적을 모두 무비판적으로 수용하는 것이 노동운동에 이롭다고 생각하지는 않았다. 러시아 혁명이 고립되면 여러 뒤틀림이 일어나 혁명이 불구가 될 것이라고 분명하게 예견했다. 그래서 소비에트 러시아 초창기부터 이런 뒤틀림, 특히 민주주의 문제를 지적했다(7장 참조).

1918년 11월 8일 독일 혁명으로 로자 룩셈부르크는 감옥에서 풀려났다. 그녀는 혁명에 모든 힘과 열정을 쏟아부었다. 불행하게도 반동 세력은 강대했다. 사회민주당 우파 지도자들과 독일 제국 장군들이 힘을 합쳐 혁명적 노동계급을 탄압했다. 노동자 수천 명이 학살됐다. 1919년 1월 15일 카를 리프크네히트가 살해됐다. 같은 날 한 병사의 소총 개머리판이 로자 룩셈부르크의 두개골을 으스러뜨렸다.

룩셈부르크의 죽음으로 국제 노동자 운동은 가장 고귀한 지도자를 잃었다. 메링의 말대로 "마르크스와 엥겔스의 과학적 계승자 가운데 가장 탁월한 두뇌"가 죽은 것이다. 로자 룩셈부르크는 자신의 삶 전부를 인류 해방에 바쳤다.

2장
개혁이냐 혁명이냐

　　로자 룩셈부르크의 저작 전체를 관통하는 것은 개혁주의에 맞서는 투쟁이다. 개혁주의는 혁명적 수단으로 자본주의를 타도하는 것이 아니라 자본주의를 수정하는 것으로 노동운동의 목표를 축소했다. 룩셈부르크가 맨 처음 비판한 사람은 개혁주의(당시 널리 쓰인 명칭은 수정주의)의 가장 유명한 대변인 에두아르트 베른슈타인이었다. 룩셈부르크는 《개혁이냐 혁명이냐》에서 베른슈타인의 견해를 신랄하게 비판했다. 《개혁이냐 혁명이냐》는 〈라이프치거 폴크스차이퉁〉에 실린 두 글을 묶은 것인데, 하나는 《디노이에 차이트》에 실린 베른슈타인의 글을 반박한 1898년 9월 글이고, 다른 하나는 베른슈타인의 책 《사회주의의 전제 조건과 사회민주주의의 과제들》을 비판한 1899년 4월 글이다.

베른슈타인은 노동운동의 근본 성격을 사회혁명의 정당이 아니라 '민주적 사회주의 개혁 정당'으로 재규정했다. 그는 마르크스에 반대해 자본주의의 모순들이 더 심화하는 게 아니라 계속 약화한다고 봤다. 다시 말해 자본주의가 점차 길들고 조정되고 있다고 주장했다. 또 카르텔과 트러스트, 신용 제도가 점차 체제의 무질서를 조정하므로 자본주의는 마르크스의 예견과 달리 불황을 반복하지 않고 영원히 번영하는 경향이 있다는 것이다. 베른슈타인은 중간계급의 생존력과 주식회사를 통한 자본 소유권 분배의 민주화가 사회 모순을 완화한다고 생각했다. 노동조합과 협동조합 활동을 통해 노동계급의 경제적·사회적·정치적 조건이 향상되는 것에서도 체제가 시대의 요구에 적응할 능력이 있음을 확인할 수 있다고 주장했다.

베른슈타인은 이런 분석에 따라 사회주의 정당은 정치권력을 혁명적으로 쟁취하는 게 아니라 노동계급의 조건을 점차 개선하는 데 집중해야 한다고 결론 내렸다.

룩셈부르크는 베른슈타인에 반대해 자본주의 독점체(카르텔과 트러스트)와 신용 제도가 자본주의의 적대 관계를 완화하는 게 아니라 심화시킨다고 주장했다. 그녀는 독점체와 신용 제도의 기능을 다음과 같이 묘사한다.

일반적으로 카르텔은 … 자본주의가 확고히 발전한 국면에서 나타나 결국 자본주의 세계의 무질서를 심화시키고 체제의 내부 모순을 드러내고 무르익게 한다. 카르텔은 생산자와 소비자 사이의 투쟁을 첨예하게 만들어 생산양식과 교환양식 사이의 모순을 심화시킨다. … 더욱이 카르텔은 조직된 자본의 우월한 힘을 (가장 악랄한 방식으로) 노동계급에 대립시켜 생산양식과 전유專有양식 사이의 모순을 증폭시키고 따라서 자본과 노동의 적대 관계를 심화시킨다.

결국 자본주의 카르텔은 자본주의 세계경제의 국제적 성격과 국가의 일국적 성격 사이의 모순을 심화시킨다. 카르텔이 항상 전면적 관세전쟁을 동반함으로써 자본주의 국가들 사이의 불화를 첨예하게 만들기 때문이다. 카르텔은 생산의 집중과 기술 진보 등에도 엄청나게 혁명적인 영향을 미친다.

다시 말해, 자본주의 경제에 미치는 궁극적 영향이란 측면에서 평가할 때 카르텔과 트러스트는 '조정 수단'으로서는 실패작이다. 이것들은 자본주의의 모순을 완화하는 게 아니라 오히려 무질서를 더욱 증대시킨다. 카르텔과 트러스트는 자본주의 내부 모순을 더 촉진한다. 그리고 자본주의의 전면 붕괴를 앞당긴다.[2]

룩셈부르크는 신용 제도 역시 자본주의의 위기를 막기는커녕 더 심화시킨다고 말했다. 신용 제도의 가장 중요한 두 가지 기능은 생산을 확대하고 교환을 촉진하는 것인데, 이 둘은 체제의 불안정성을 높인다. 자본주의 경제 위기는 생산의 영구적 확대 경향과 자본주의 시장의 제한된 소비력 사이의 모순 때문에 생긴다. 신용 제도는 생산을 촉진함으로써 과잉생산 경향을 부추기는 한편, 경제가 어려워지면 신용 제도 자체가 심각하게 불안정해져 경제를 더욱 약화시키고 위기를 심화시키는 경향이 있다. 투기를 부추기는 신용 제도의 구실은 자본주의 생산양식의 불안정성을 증가시키는 또 다른 요인이다.

베른슈타인이 자본주의의 모순이 완화하고 있다며 든 핵심 근거는 1873년 이래 20년 동안 자본주의가 커다란 침체를 겪지 않았다는 것이다. 룩셈부르크는 다음과 같이 반박했다.

1898년 베른슈타인이 마르크스의 공황론을 배격하자마자 1900년에 심각한 경제 위기가 발생했다. 또 1907년에는 미국에서 시작된 새로운 경제 위기가 세계 시장을 강타했다. 현실은 '조정' 이론이 오류였음을 증명했다. 동시에 일정 기간 경제 위기가 발생하지 않았다는 이유로 마르크스의 공황론을 포기한 사람들이 마르크스 이론의 본질과 10년 주기설 같은 부차적 외관을 혼동한 것일 뿐이라는 점도 보여 줬다. 1860년과 1870년에 마르크스와 엥겔스가 현대 자본주의 산업의 주기를 10년으로 잡은 것은 그저 현실을 기술한 것일 뿐이다. 그 근거는 자연법칙이 아니라 자본주의가 초창기에 빠르게 팽창하던 특정한 역사적 상황이었다.[3]

[사실 — 지은이] 위기는 5년이나 10년마다 되풀이될 수도 있고 8년이나 20년마다 되풀이될 수도 있다. … 자본주의적 생산이 교환에 '적응'할 수 있다는 믿음은 둘 중 하나를 전제한다. 즉, 세계 시장이 무한정 확장될 수 있거나 반대로 생산력의 발전이 제한돼 시장의 한계를 뛰어넘을 수 없어야 한다. 첫째 가설은 물리적으로 불가능하기 때문에 오류다. 둘째 가설은 모든 부문에서 날마다 새로운 생산력을 창출하는 기술 진보가 일어나기 때문에 역시 오류임이 드러난다.[4]

룩셈부르크는 자본주의의 모순, 즉 생산력 향상과 생산관계 사이의 모순이 갈수록 커진다는 사실이 마르크스주의의 기본이라고 주장했다. 그러나 이런 모순이 파국적이고 총체적인 경제 위기로 표출되는 것은 "부차적 중요성"만 있을 뿐이다.[5] 근본 모순이 표출되는 형식은 이 모순의 내용만큼 중요한 것은 아니다 (십중팔구 룩셈부르크는 거대한 생산력 낭비를 수반하는 상시 군비경제가 바로 자본주의의 근본 모순이 표현되는 한 형태라는 주장에 반대하지 않았을 것이다).

베른슈타인이 자본주의의 모순이 심화한다는 점을 부정하자 룩셈부르크는 그가 사회주의 건설을 위한 투쟁의 근거를 제거해 버렸다고 비판했다. 즉, 베른슈타인은 사회주의를 경제적 필연에서 바람직한 이상, 다시 말해 유토피아로 바꿔 놓았다. 베른슈타인은 다음과 같이 불평했다. "왜 사회주의를 경제적 필연의 결과로 묘사하는가? … 왜 인간의 분별력, 정의감, 의지를 무시하는가?"[6] 룩셈부르크는 다음과 같이 논평했다.

베른슈타인이 말한 최고로 정당한 분배는 인간의 자유의지 덕분에 이뤄질 수 있는데, 인간의 의지는 경제적 필연 때문에 작용하는 것이 아니라(의지 자체는 수단일 뿐이므로) 인간의 정의에 대한 통찰, 간단히 말해 정의감 때문에 작용하는 것이다.

그래서 우리는 전 세계 개혁가들이 더 확실한 역사적 이동 수단이 없던 시기에 오랫동안 타고 다니던 늙은 군마, 즉 정의의 원리로 기쁘게 돌아간다. 우리는 역사 속 돈키호테가 세계의 위대한 개혁을 향해 질주하며 타던 말, 언제나 멍든 눈으로 집에 오는 애처로운 로시난테에게 되돌아간다.[7]

자본주의의 모순을 추상한 채 사회주의로 나아가자는 주장은 단지 관념론적 망상일 뿐이다.

베른슈타인(과 그를 추종하는 많은 사람들)은 노동조합을 자본주의를 약화시키는 무기로 본다. 반면 룩셈부르크는 노동조합이 임금수준에 어느 정도 영향을 주지만 그 자체로는 임금 체제를 전복할 수 없고 임금수준을 결정하는 것은 근본적이고 객관적인 경제 요인이라고 주장했다.

노동조합은 단지 이윤의 공격에 맞선 노동자들의 조직된 방어일 뿐이다. 노동조합은 자본주의 경제가 가하는 억압에 맞선 노동계급의 저항을 표현한다. …

노동조합은 노동력 시장의 상황에 영향을 미친다. 그러나 이런 영향은 우리 사회의 중간 계층이 프롤레타리아가 되는 것, 즉 노동시장에 새 노동력이 계속 유입되는 과정 때문에 지속적으로 약화된다. 노동조합의 둘째 기능은 노동자들의 조건을 개선하는 것이다. 즉, 노동조합은 노동계급에게 돌아가는 사회적 부의 몫을 늘리려고 한다. 그러나 노동생산성 증대 때문에 이 몫은 거스를 수 없는 자연 과정처럼 감소한다. …

다시 말해, 자본주의 사회의 객관적 조건은 노동조합의 두 가지 경제적 기능을 시시포스의 노동으로, 그러나 없어선 안 되는 것으로 만들어 버린다. 왜냐하면 노동조합 활동의 결과로 노동자는 노동력 시장의 상황에 따라 자신에게 지불돼야 할 임금을 받는 데 성공하기 때문이다. 노동조합 활동의 결과로 자본주의 임금법칙이 적용되고 경제 발전을 저하시키는 경향이 사라지거나 더 정확하게는 완화된다.[8]

시시포스의 노동! 이 말 때문에 독일 노동조합 관료들이 분노했다. 관료들은 노동조합 투쟁이 생활수준을 점점 떨어뜨리는 자본주의의 내재적 경향으로부터 노동자들을 보호할 수는 있지만 노동계급의 해방을 대신하지 못한다는 것을 인정할 수 없었다.

베른슈타인에게 노동조합(과 협동조합)은 사회주의를 이룩하는 주요 경제적 수단이었고 의회 민주주의는 사회주의로 이행하기 위한 정치적 수단이었다. 베른슈타인은 의회를 사회의 의지가 구현된 것으로, 다시 말해 초계급적 제도로 봤다.

반면 룩셈부르크는 다음과 같이 주장한다. "현 국가는 '성장하는 노동계급'을 대표하는 '사회'가 아니다. 국가 자체가 자본주의 사회를 대표한다. 오늘날의 국가는 계급 국가다."[9] "대체로 의회 제도는 자본주의 사회 전체에 서서히 스며들어 확산되는 사회주의적 요소가 아니다. 오히려 그것은 부르주아 계급 국가의 특수한 형태다."[10]

독일에서 의회주의 방식으로 사회주의에 도달할 수 있는지를 둘러싼 논쟁이 최고조에 달했을 때, 프랑스 사회주의자들이 역사상 최초로 의회를 통해 정치권력을 획득했다는 소식이 들려왔다. 1899년 6월에 [프랑스 사회당 지도자] 알렉상드르 밀랑이 파리 코뮌 학살의 원흉 갈리페 장군과 나란히 발데크루소의 급진당 정부에 입각했다. 프랑스 사회주의 지도자 장 조레스와 우파 개혁주의자들은 이 행동을 위대한 전술적 전환이라며 환영했다. 이제는 부르주아지만 정치권력을 휘두르는 것이 아니라 부르주아지와 노동계급이 함께 정치권력을 통제하게 됐고 이것은 자본주의에서 사회주의로 이행하는 정치적 표현이라는 것이었다.

룩셈부르크는 자본가 정당과 사회주의 정당의 연립정부라는 이 첫 실험을 세밀한 주의를 기울여 추적하며 철저히 탐구했다. 룩셈부르크는 이 연합이 노동계급의 손발을 연립정부에 묶어 버려 노동자들이 자신의 진정한 힘을 발휘하지 못하게 만들었다고 지적했다. 사실, 기회주의자들이 "비생산적 반대"라고 부른 것이 훨씬 더 유용하고 실천적인 정책이었다. "반대 정책은 … 실제적이고 즉각적이며 구체적인 개혁에 진보적 성격을 부여할 수 없기는커녕 소수 정당, 특히 사회주의 정당이 실천적 성공을 거둘 수 있는 유일한 방법이다."[11] 사회주의 정당은 반자본주의 투쟁에 유리한 기회를 제공하는 지위만 취해야 한다.

물론 성과를 올리려면 사회민주당은 현재의 국가에서 차지할 수 있는 모든 지위를 맡아야 하고 모든 곳에 침투해야 한다. 그러나 이를 위한 전제 조건은 그런 지위가 부르주아지와 그들의 국가에 맞서 계급투쟁을 수행할 수 있게 해야 한다는 것이다.[12]

룩셈부르크는 다음과 같이 결론지었다. "부르주아 사회에서 사회민주당은 야당의 구실을 해야 한다. 사회민주당이 집권당이 될 수 있는 경우는 오직 부르주아 국가가 무너지고 난 뒤일 뿐이다."[13]

룩셈부르크는 연립정부에 내재한 궁극적 위험을 다음과 같이 지적했다. "지칠 줄 모르는 공화정 옹호자 조레스는 전제주의로 가는 길을 닦고 있다. 심한 농담처럼 들리겠지만 역사의 진행 과정은 온통 이런 웃음거리로 뒤덮여 있다."[14]

얼마나 정확한 예언인가! 영국에서 맥도널드 정권이 완전히 실패하고, 독일에서 바이마르공화국에 이어 히틀러가 집권하고, 프랑스에서 1930년대 민중전선이 파산하고 제2차세계대전 후 들어선 연립정부가 드골 집권으로 귀결된 것이 연립정부 정책의 최종 결과다.

의회주의와 부르주아적 합법성이 역사 발전의 한 요인으로서 폭력의 종말을 의미한다고 믿은 개혁주의자들에게 룩셈부르크는 다음과 같이 반박했다.

부르주아적 합법성의 전체 기능은 실제로 무엇인가? 만약 한 '자유 시민'이 억지로 다른 사람에게 끌려가 잠시 동안 밀폐되고 답답한 공간에 감금된다면, 누구나 곧 폭력 행위가 자행됐다는 것을 깨달을 것이다. 그러나 형법전形法典에 따라 이 일이 발생하고 문제가 되는 공간이 감옥 안이라면, 모든 사태는 즉각 평화적이고 합법적인 것이 된다. 어떤 사람이 다른 사람에게 자신의 동료 인간들을 죽이라고 강요받는다면, 이것은 분명히 폭력 행위다. 그러나 이 과정이 '병역의무'로 불리자마자, 그 선량한 시민은 모든 일이 완전히 합법적이고 일반적으로 인정되는 것이라는 생각에 위안을 받는다. 한 시민이 강제로 다른 사람에게 재산이나 소득의 일부를 빼앗겼다면 폭력 행위가 일어났음이 분명하다. 그러나 이 과정이 '간접세 부과'로 불리자마자 모든 것이 정당화된다.

다시 말해, 부르주아적 합법성의 덮개를 쓰고 우리에게 제시하는 것은 지배계급이 의무 규범으로 승격시킨 계급 폭력의 표현에 불과하다. 일단 개인적 폭력 행위가 이런 방식으로 의무 규범으로 승격되면, 그 과정은 현실 그대로가 아니라 뒤집힌 모습으로 부르주아 법률가의 마음속에(사회주의적 기회주의자의 마음속에도) 반영된다. 법 절차는 추상적 '정의'의 독자적 창출로 나타나고, 국가의 강제는 그 결과, 즉 단지 법률의 '재가裁可'로서 나타난다. 그러나 진실은 정반대다. 부르주아적 합법성(과 입법기관으로 발전하고 있는 의회 제도)은 부르주아지의 정치적 폭력이 그 경제적 토대를 발전시키면서 자신을 표현하는 특수한 사회적 형태에 불과하다.[15]

그러므로 본질적으로 부르주아 폭력의 표현에 불과한, 자본주의 자체가 확립한 법률적 형식들이 자본주의를 대체한다는 것은 말도 안 되는 소리다. 결국 자본주의를 타도하기 위해서는 혁명적 폭력이 필수적이다.

폭력의 사용은 노동계급에게 항상 **결정적 수단**, 때로는 잠재적 형태로 때로는 적극적 형태로 항상 존재하는 계급투쟁의 최고 법칙으로 남을 것이다. 그리고 우리가 의회나 그 밖의 다른 활동으로 혁명적 사상을 퍼뜨리려 하는 것은 필요할 때 혁명이 단지 마음뿐 아니라 몸도 움직일 수 있도록 하려는 것이다.[16]

훗날 바이마르공화국이 붕괴하고 나치가 집권한 것을 떠올려 보면, 로자 룩셈부르크가 1902년에 쓴 다음의 말은 얼마나 정확한 예언인가! "만약 사회민주당이 기회주의적 견해를 받아들이고 폭력 사용을 거부하며 노동계급에게 부르주아적 준법주의의 길에서 결코 벗어나지 않겠다고 서약하라고 한다면, 사회민주당의 모든 의회 활동과 여타 활동은 조만간에 비참하게 붕괴하고 반동적 폭력이 자유롭게 활개 치게 될 것이다."[17]

로자 룩셈부르크는 노동자들이 착취와 억압에 대항해 혁명적 폭력을 사용해야 한다고 생각했지만, 나날이 벌어지는 끔찍한 폭력에 매우 괴로워했다. 룩셈부르크는 독일 혁명이 한창일 때 다음과 같이 썼다.

[제1차세계대전으로 — 지은이] 지난 4년 동안 제국주의가 여러 국민을 학살하면서 피가 강물을 이뤘다. 이제 우리는 이 고귀한 피를 한 방울도 남김없이 수정잔에 담아 소중히 보존해야 한다. 자유로운 혁명적 에너지와 다양한 인간의 감정이야말로 사회주의의 진정한 활력이다. 세상이 완전히 뒤집혀야 한다는 것은 사실이다. 그러나 피할 수도 있었을 일로 눈물 흘리게 한다면 죄를 저지르는 것이다. 어떤 사람이 서둘러 중요한 일을 하려다가 무심결에 벌레 한 마리를 밟아 죽였다면 죄를 지은 것이다.[18]

개혁주의자들과 자칭 혁명가라는 일부 사람들은 흔히 노동자들이 배가 고파야만 혁명에 나선다고 생각한다. 그래서 개혁주의자들은 중서부 유럽의 잘사는 노동자들은 굶주리고 짓밟힌 러시아 노동자들한테서 배울 게 거의 없다고 주장했다. 로자 룩셈부르크는 1906년에 이런 잘못된 생각을 바로잡기 위해 다음과 같이 주장했다.

혁명 전의 차르 정부에서 노동계급의 생활수준이 빈민과 같았다는 생각은 상당히 과장된 것이다. 그와는 반대로, 경제투쟁과 정치투쟁이 가장 효과적이고 활발하게 전개된 대규모 산업들과 여러 대도시의 노동자들은 동일한 부문의 독일 프롤레타리아와 거의 비슷한 생활수준을 누렸다. 정말이지, 어떤 직종에서는 임금이 동일했고 독일보다 러시아가 임금이 더 높은 곳도 있었다. 또한 두 나라의 대규모 산업체들 사이에 노동시간 차이는 크지 않았다. 따라서 러시아 노동계급이 물질적·문화적 노예 상태에 있다는 주장은 근거 없는 날조다. 이런 생각은 러시아에서 혁명이 일어났고 프롤레타리아가 혁명에서 중요한 구실을 했다는 사실과 모순된다. 빈민은 이렇게 정치적·정신적으로 성숙한 혁명을 일으킬 수 없다. 페테르부르크·바르샤바·모스크바·오데사에서 투쟁의 전위에 선 산업 노동자는, 프롤레타리아에게 유일하고 꼭 필요한 학교가 부르주아 의회 제도와 '올바른' 조합 활동이라고 생각

하는 자들이 상상하는 것보다 문화적·정신적으로 서유럽에 훨씬 더 가깝다.[19]

그런데 굶주림은 반란을 고무하기도 하지만 굴종의 원인이 되기도 한다.

은밀한 방식이든 공공연한 방식이든, 자본가계급의 양보를 목표로 하든 타도를 목표로 하든, 어쨌든 노동계급의 계급투쟁에 기초해 로자 룩셈부르크는 사회혁명뿐 아니라 사회 개혁을 위한 투쟁도 지지했다. 그녀는 사회 개혁을 위한 투쟁을 무엇보다 사회혁명을 위한 학교로 여겼다. 그러면서도 개혁과 혁명의 상호 관계를 분석할 때는 혁명이 역사적으로 더 중요하다는 점을 명확히 했다.

법률 개혁과 혁명은 뜨거운 소시지와 찬 소시지를 고르는 것과는 달리 역사라는 판매대에서 자의적으로 집어들 수 있는 역사 발전의 서로 다른 방법이 아니다. 법률 개혁과 혁명은 계급사회 발전의 서로 다른 요인들이다. 양자는 북극과 남극, 부르주아지와 프롤레타리아처럼, 서로 영향을 미치고 보완하는 동시에 서로 배타적이다. 법체계는 모두 혁명의 산물이다. 여러 계급의 역사에서 혁명은 정치적 창조 행위인 반면, 법 제정은 이미 생겨난 사회의 생활을 정치적으로 표현한 것이다. 개혁을 위한 노력이 혁명과 무관하게 자체 동력을 갖는 것은 아니다. 모든 역사 시기에 개혁을 위한 노력은 앞선 혁명의 추동력이 부여한 방향으로만 수행되는 것이며, 그것도 앞선 격변기의 충격이 계속 영향을 발휘하는 한에만 지속될 뿐이다. 더 구체적으로 표현하면, 역사의 각 시기에 개혁을 위한 노력은 앞선 혁명이 창조한 사회형태의 틀 안에서만 수행된다. 이것이 문제의 핵심이다.

개혁을 위한 노력을 단순히 장기간 지속되는 혁명으로 보거나 혁명을 이런저런 개혁의 압축으로 보는 것은 완전히 비역사적인 것이다. 사회변혁과 법률 개혁은 지속성이 아니라 내용이 다른 것이다. 정치권력을 이용하는 역사 변동의 비밀은 바로 단순한 양적 변화가 새로운 질로 전환된다는 데, 더 구체적으로 말하면, 한 역사 시기가 특정 사회형태에서 다른 사회형태로 이행한다는 데 있다.

이 때문에 정치권력의 장악과 사회혁명 대신에 그리고 그것과 대립해서 법률 개혁이라는 방법을 선호하는 사람들은 공통의 목표를 향한 더 평온하고 조용하며 느린 길을 선택한 것이 아니라 전혀 다른 목표를 지향하고 있는 것이다. 그들은 새로운 사회 건설이라는 입장에 서는 대신 낡은 사회의 표면적 수정이라는 입장에 서는 것이다. 우리가 수정주의 정치관을 따르면, 수정주의 경제 이론을 추종했을 때와 똑같은 결론에 도달하게 된다. 우리의 강령은 사회주의 실현이 아니라 자본주의 개혁, 즉 임금노동 체제를 철폐하는 것이 아니라 착취를 줄이는 것, 다시 말해서 자본주의 자체의 철폐가 아니라 자본주의의 폐해를 없애는 것이 되고 만다.[20]

3장
대중파업과 혁명

1891년 5월 약 12만 5000명의 벨기에 노동자들이 선거제도 개혁을 요구하는 대중파업을 벌였다. 1893년 4월에도 노동자 약 25만 명이 비슷한 요구를 내걸고 파업을 벌였다. 그 결과 보통선거권을 획득했지만, 이는 불평등 선거권이기도 했다. 부유하고 "교양 있는" 사람의 표는 노동자나 농민의 두세 표로 계산됐다. 이를 불쾌히 여긴 노동자들은 9년 뒤 완전한 헌법 개정을 요구하며 또다시 대중파업을 벌였다. 이 정치적 대중파업은 로자 룩셈부르크에게 커다란 인상을 심어 줬다. 이 문제에 대한 두 편의 논문은[21] 정치적 대중파업이 지닌 혁명적 성격을 노동계급의 특별한 투쟁 무기라고 지적하고 있다. 로자 룩셈부르크에게 대중파업은 (정치적인 것이든 경제적인 것이든) 노동자 권력을 위한 혁명 투쟁에서 중심 요소였다.

대중파업에 대한 로자 룩셈부르크의 열정적이고 예리한 통찰은 1905년 러시아 혁명을 맞아 새로운 경지에 다다른다.

이전의 부르주아 혁명에서는 한편으로는 부르주아 정당이 혁명적 대중의 정치 교육과 지도를 수행했고 다른 한편으로는 혁명의 과제가 정부 전복에 한정됐기 때문에, 단기간의 바리케이드 전투가 혁명 투쟁의 적합한 형태였다. 오늘날에는 노동계급이 혁명 투쟁 과정에서 스스로 교육하고 조직하고 지도해야 하며, 혁명 자체가 기존 국가권력뿐 아니라 자본가의 착취에도 대항한다. 따라서 대중파업은 광범한 노동자 계층을 행동으로 동원하고 혁명적으로 바꾸며 조직하는 자연스러운 방법이 된다. 아울러 기존 국가권력을 약화시키고 타도하며 자본가의 착취를 억제하는 수단이기도 하다. … 노동계급이 직접적인 정치적 행동에 대거 참여하려면 우선 스스로 조직해야 하는데, 그러려면 무엇보다 대공장과 소규모 작업장, 광산과 공장의 경계를 넘어서야 하고, 자본주의의 일상적 명가 강요하는 작업장 사이의 분열을 극복해야 한다. 따라서 대중파업은 혁명적 프롤레타리아가 벌이는 모든 위대한 활동에서 나타나는 자연스럽고 자발적인 투쟁의 초기 형태다. 공업이 경제의 지배적 형태가 될수록 노동계급의 구실은 더욱 두드러지고, 노동과 자본 사이의 대립이 심화할수록 대중파업은 더욱 강력하고 결정적인 것이 된다. 이전의 부르주아 혁명의 주요 형태인 바리케이드 전투, 무장한 국가권력과 공공연히 대결하는 것은 오늘날의 혁명에서는 부차적 측면이며 프롤레타리아 대중투쟁의 전체 과정에서 단지 한 계기일 뿐이다.[22]

1956년의 부다페스트를 보라!*

모든 개혁주의자들이 경제적 개혁을 위한 부문 투쟁과 혁명을 위한 정치투쟁 사이에 넘기 어려운 장벽이 있다고 본 것과 달리, 룩셈부르크는 혁명적 시기에는 경제투쟁이 정치투쟁으로 발전하고 또 그 역도 성립한다고 지적했다.

운동은 한 방향으로만, 즉 경제투쟁에서 정치투쟁으로만 나아가는 것이 아니라 반대 방향으로도 움직인다. 중요한 정치적 대중행동은 모두 그 절정에 이른 뒤 일련의 경제적 대중파업을 야기한다. 이 법칙은 개별 대중파업에만 해당하는 것이 아니라 혁명 일반에도 해당한다. 정치투쟁이 확산되고 명확해지며 강화됨에 따라, 경제투쟁은 퇴조하기는커녕 오히려 확산되면서 더욱 조직되고 강화된다. 정치투쟁과 경제투쟁은 상호작용한다. 정치투쟁에서 새로운 공세와 승리는 모두 경제투쟁에 강력한 영향을 미치는데, 이런 공세와 승리 덕

---

* 1956년 헝가리 민중 봉기를 가리킨다.

분에 노동자들이 자기 처지를 개선할 여지가 확장되고 개선을 이루려는 욕구가 강화되는 동시에 노동자들의 투쟁 정신도 고취되기 때문이다. 정치 행동의 고양 뒤에는 언제나 기름진 퇴적물이 남아 수많은 경제투쟁의 싹을 틔운다. 그 역도 마찬가지다. 자본에 맞서는 노동자들의 끊임없는 경제투쟁은 정치투쟁의 휴지기마다 노동자들이 버티게 해 준다. 말하자면, 경제투쟁은 정치투쟁에 항상 새로운 활력을 불어넣는 노동계급 역량의 마르지 않는 저수지다. 프롤레타리아의 지칠 줄 모르는 경제투쟁은 매 순간 곳곳에서 첨예한 싸움들로 발전하고 그로부터 대규모 정치투쟁이 뜻밖에 폭발한다.

한마디로 경제투쟁은 운동을 하나의 정치적 초점에서 다른 초점으로 이어 주는 요인이다. 정치투쟁은 주기적으로 경제투쟁의 토양을 비옥하게 만든다. 매 순간 원인과 결과가 서로 바뀐다. 그러므로 우리는 러시아의 대중파업 기간에 이 두 가지 경제적 요소와 정치적 요소가 현학적 분석들이 제시하는 것과 달리 서로 분리되거나 부정되는 것이 아님을 확인할 수 있다.[23]

대중파업의 논리적이고 필연적인 절정은 "공공연한 봉기인데, 이것은 일련의 불완전한 봉기(공공연한 봉기의 터전을 닦으며 그래서 당분간은 부분적 '패배'로 끝나는 것처럼 보이기 쉽고 각각은 '시기상조'로 보일 수 있다)의 정점으로서만 실현될 수 있다."[24]

대중파업이 벌어지면 계급의식이 정말이지 높이 고양된다!

프롤레타리아의 정신적 성장은 혁명이 부침을 겪는 동안 가장 지속적이기에 가장 소중하다. 프롤레타리아의 지적 수준이 성큼성큼 성장하는 것은 미래의 불가피한 경제투쟁과 정치투쟁에서 프롤레타리아가 더한층 진보하는 것을 보장해 준다.[25]

또 노동자들은 엄청난 이상주의자가 된다! 노동자들은 투쟁하는 동안에는 자신과 자기 가족의 생계를 해결할 수 있을까 하는 생각을 떨쳐 버린다. 노동자들은 파업 전에 기술적 준비가 모두 돼 있는지 따위는 신경 쓰지 않는다.

일단 정말로 심각한 대중파업의 시기가 시작되기만 하면, 이런 모든 '비용 계산'은 양동이로 대양을 재려는 시도와 비슷한 것이다. 프롤레타리아에게는 끔찍한 고통과 결핍의 바다인 대양은 모든 혁명의 불가피한 비용이다. 혁명적 시기에 퍼지는 어마어마한 이상주의는 언뜻 보기에 풀기 어려워 보이는 파업 노동자들의 생계 지원 문제를 해결한다. [이상주의에 공감하는] 대중은 가장 끔찍한 결핍에도 거의 면역돼 보인다.[26]

혁명 중에 노동자들은 이처럼 기막힌 혁명적 주도력과 숭고한 자기희생을 보여 줬다. 이는 룩셈부르크의 신념이 옳았음을 보여 준다.

4장
제국주의와
전쟁에 맞선 투쟁

제1차세계대전 발발 전 20년 동안 사회주의인터내셔널 내에서 제국주의에 대한 지지가 꾸준히 성장했다.

인터내셔널의 1907년 슈투트가르트 대회는 이 점을 명확히 보여 줬다. 이 시기에 아프리카와 아시아에서 제국주의의 침탈이 격렬해져서 식민지 문제가 의제로 상정됐다. 사회주의 정당들은 자국 정부의 탐욕에 반대해 진심으로 목소리를 높였지만, 슈투트가르트 대회의 토론이 보여 주듯이 인터내셔널의 많은 지도자들의 태도는 일관된 反제국주의와는 거리가 멀었다. 대회는 식민지위원회를 지명했는데, 이들의 다수는 식민주의에 어느 정도 긍정적 측면이 있다는 보고서를 제출했다. "(대회는) 모든 식민지 정책을 원칙적으로 늘 거부하는 것은 아니다." 보고서는 사회주의자들이 식민주의의 과도한 측면들을 비판해야 하지만 식민주의를 완전히 부정해서는 안 된다고 주장했다. 그 대신에

사회주의자들은 선주민의 상태를 개선하는 개혁을 지지해야 하며 … 독립을 위해 가능한 방법을 모두 동원해서 선주민을 교육해야 한다.

이를 위해 사회주의 정당의 대표자들은 선주민의 권리를 보호하는 국제법을 제정하고 모든 조인국이 반드시 지켜야 하는 국제조약을 체결하도록 자국 정부에 제안해야 한다.

이 초안은 결국 부결됐지만, 찬반 표차는 127 대 108로 그리 크지 않았다. 즉, 사실상 대회 참가자의 절반이 공공연히 제국주의를 옹호했다.

본질적으로 식민지 분할을 위한 제국주의 세력 간 싸움인 제1차세계대전이 1914년에 발발했을 때 사회주의인터내셔널의 대다수 지도자들이 이 전쟁을 지지한 게 갑작스러운 일은 아닌 것이다.

슈투트가르트 대회에서 로자 룩셈부르크는 제국주의에 분명히 반대하고 제국주의 전쟁의 위협에 대처하는 데 필요한 정책을 간략히 서술한 결의안을 제출했다.

전쟁 위협이 임박하면, 각국의 노동자들과 의원들은 적절한 수단을 모두 동원해 전쟁 발발을 막아야 한다. 물론 이 수단은 계급투쟁의 수준이나 전반적 정치 상황에 맞춰 변경되거나 강화될 수 있다.

그럼에도 전쟁이 발발했을 때는 가능한 한 조속히 전쟁을 끝낼 방책을 강구하고, 전쟁이 초래한 경제·정치 위기를 활용해 민중의 투쟁을 고무하고 자본가계급 지배의 전복을 촉진해야 한다.

이 결의안은 사회주의자는 제국주의와 제국주의 전쟁에 반대해야 한다는 점, 제국주의와 제국주의 전쟁을 종식시키려면 오직 문제의 원인인 자본주의를 타도해야 한다는 점을 분명히 했다.

이 결의안은 통과됐지만 식민주의를 공공연히 지지하지 않는 지도자들 중에서도 많은 사람이 반제국주의 투쟁을 혁명적 방식으로는 생각하지 않았다는 점이 점점 더 분명해졌다.

이 지도자들(중요한 대변자는 바로 카우츠키였다)은 제국주의가 자본주의의 필연적 결과물이 아니라 자본가계급 일반이 점점 더 제거해 버리고 싶어 할 종기 같은 것이라는 견해를 받아들였다. 카우츠키의 이론은 제국주의가 소수의 강력한 자본가 집단(은행과 군수 산업체 소유자)이 지지하는 팽창 방식이라는 것이다. 그리고 이 방식은 군비 지출이 국내외 투자에 쓸 가용 자본을 축소시키기 때문에 자본가계급 일반의 요구와 상반된다는 것이다. 그래서 이 팽창 방식은 자본가계급 대다수에게 영향을 미쳐, 제국주의의 무력 팽창 정책에 대한 반대를 점점 더 불러일으킬 것이다. 1911년이 돼서도 같은 생각을 반복하면서, 베른슈타인은 평화를 향한 갈망이 보편적이 됐으며 전쟁이 일어난다는 것은 생각할 수도 없다고 자신 있게 주장했다. 카우츠키가 이끄는 '마르크스주의 중간파'에 따르면, 군비경쟁은 전반적 군축 협정, 국제사법재판소, 평화 동맹, 유럽합중국 구성 등에 의해 극복될 비정상적인 것이다. 간단히 말하자면, '마르크스주의 중간파'는 정책 결정자인 고위 공직자들이 지구상에 평화를 가져올 것으로 기대했다.

로자 룩셈부르크는 이런 자본주의적 평화주의를 명석하게 논파했다.

자본주의가 팽창하지 않고도 존속할 수 있다는 이론은 특정한 전술적 의도를 위한 이론적 정식화에 불과하다. 이 이론은 제국주의 국면을 역사적 필연으로, 자본주의와 사회주의 사이의 결정적 투쟁으로 여기는 것이 아니라 소수 이해집단의 악의에 찬 발명품이라고 여긴다. 이 이론은 제국주의와 군국주의가 심지어 부르주아적 이해관계라는 측면에서도 손해를 끼친다는 사실을 부르주아지에게 인식시키려 한다. 이렇게 되면 소위 한 줌도 안 되는 이해집단을 고립시키고 프롤레타리아가 다수파 부르주아지와 동맹을 맺어서 제국주의를 "억제"하고 "부분적 군축"으로 약화시키고 "독침을 제거"할 수 있다는 희망을 품고서 말이다. 쇠퇴기의 부르주아 자유주의가 "무식한" 군주가 아니라 "계몽된" 군주에게 호소한 것처럼, '마르크스주의 중간파'는 이제 "비합리적" 부르주아지가 아니라 "합리적" 부르주아지에게 제국주의라는 파멸적 정책을 버리고 군축을 위한 국제조약을 체결하라고, 세계 지배를 위한 무력 쟁탈전을 그치고 민주적인 국민국가들의 평화로운 연방 체제로 나아가라고 호소하고 있다. 프롤레타리아와 자본주의 사이의 해묵은 원한, 즉 양자 간에 존재하는 커다란 모순의 해소가 "자본가 국가들 간 제국주의적 모순의 완화"를 위한 목가적 타협으로 해소된다는 것이다.[27]

이런 말들은 비단 카우츠키나 베른슈타인의 부르주아적 평화주의뿐 아니라 오늘날 국제연맹, 유엔, '집단방위', 정상회담 같은 것에 집착하는 사람들에게도 얼마나 잘 들어맞는가!

로자 룩셈부르크는 제국주의와 제국주의 전쟁이 자본주의 사회의 사활적 이해에서 비롯한 것이므로 자본주의 틀 안에서는 극복될 수 없음을 보여 줬다.

로자 룩셈부르크가 작성한 스파르타쿠스동맹의 '지침'은 다음과 같이 말한다.

자본주의 정치 질서의 최고 발전 단계이며 마지막 국면인 제국주의는 만국 노동자의 철저한 적이다. 제국주의에 대항하는 투쟁은 동시에 프롤레타리아가 정치권력을 장악하기 위한 투쟁이며 자본주의와 사회주의의 결정적 투쟁이다. 사회주의의 최종 목표는 오직 국제 프롤레타리아 계급이 비타협적으로 제국주의에 맞서 싸우고, '전쟁에 반대하는 전쟁'을 실제 행동 지침으로 삼아 최후까지 자신의 정열과 자기희생 정신을 바쳐 투쟁할 때 비로소 달성될 것이다.[28]

즉, 로자 룩셈부르크의 반제국주의 정책의 중심 테마는 반전 투쟁이 사회주의를 성취하기 위한 투쟁과 분리할 수 없는 관계에 있다는 것이다.

로자 룩셈부르크는 《사회민주주의의 위기》라는 자신의 가장 중요한 반전 소책자(유니우스라는 가명으로 작성해 《유니우스 팸플릿》으로 더 잘 알려져 있다)를 다음과 같이 정열적으로 끝맺고 있다.

제국주의의 야수적 만행으로 유럽 전역이 완전히 폐허로 변했고, 그 부수적 결과로 유럽 프롤레타리아가 대량 학살당했다('문명 세계'는 이에 전혀 가책을 느끼지 않는다). … 우리의 희망, 우리의 육신이 낫에 베이듯 떨어져 나가고 있다. 가장 훌륭하고 현명하며 가장 잘 훈련받은 국제 사회주의의 역량이자, 현대 노동계급 운동의 영웅적 전통을 물려받은 사람들이고, 전 세계 프롤레타리아의 전위부대인 영국·프랑스·독일·러시아 노동자들이 대량 학살되고 있다. 이것은 루뱅 학살이나 라임 성당 파괴보다 더 악랄한 범죄다. 이것은 전 인류의 미래를 지탱하는 힘, 즉 과거의 유산을 보존해 더 새롭고 더 나은 인간 사회로 나아가려는 유일한 힘에 가한 치명적 타격이다. 자본주의는 이제 진정한 모습을 드러냈다. 자본주의는 그 역사적 정당성을 잃었다는 것, 자본주의의 존속이 더는 인류의 진보와 화해할 수 없다는 것이 드러났다.

독일, 위대한 독일! 민주주의여 영원하라! 차르와 슬라브 국가 만세! 최상 품질의 모포 수만 개, 10만 킬로그램의 베이컨, 커피 대용품이 즉시 공급될지니라! 배당금이 늘어나면 프롤레타리아는 쓰러져 간다. 미래의 투사, 혁명의 전사, 자본주의의 멍에에서 인류를 해방할 구원자들이 하나하나 이름 없는 묘지로 사라져 가는 것이다.

독일에서, 프랑스에서, 영국에서, 러시아에서, 노동자들이 광란 상태에서 깨어나 서로 우정의 손을 잡고 하이에나 같은 제국주의자들의 야수적 울부짖음을 "만국의 노동자여, 단결하라!"는 현대 노동계급 운동의 천둥 같은 함성으로 압도할 때, 그때 비로소 광기는 그치고 피로 얼룩진 지옥의 망령은 사라져 갈 것이다.[29]

로자 룩셈부르크는 뛰어난 예지력으로 다음과 같이 말한다.

부르주아 사회는 사회주의로의 변혁이냐 아니면 야만 시대로의 복귀냐 하는 딜레마에 빠져 있다. … 우리는 제국주의의 승리와 고대 로마처럼 모든 문화의 쇠퇴, 즉 파괴, 황폐화, 퇴보, 입 벌린 무덤을 택할 것인가 아니면 사회주의의 승리, 즉 제국주의와 그 방책인 전쟁을 의식적으로 공격하는 국제 노동계급의 승리를 택할 것인가 하는 선택의 기로에 서 있다. 이것은 세계사적 선택의 기로다. 주사위는 계급의식적 프롤레타리아가 던질 것이다.[30]

핵폭탄의 위협 아래 살고 있는 우리도 마찬가지다.

5장
당과 계급

로자 룩셈부르크는 객관적 경제력이 인간의 의지와 무관하다는 식으로 역사 발전을 파악하는 기계적 유물론자라는 의심을 받아 왔다. 이런 의심은 전혀 근거 없는 것이다. 사실 어떤 위대한 마르크스주의자라도 룩셈부르크만큼 인간 운명을 결정하는 요인으로 인간 활동을 강조한 사람은 드물 것이다. 룩셈부르크는 다음과 같이 썼다.

인간은 자신의 자유의지에 따라 역사를 만들지는 않지만, 자신의 역사를 실제로 만든다. 프롤레타리아의 행동은 그 시대의 사회 발전 성숙도에 종속되지만, 사회 발전이 프롤레타리아와 무관하게 진행되는 것은 아니다. 프롤레타리아는 사회 발전의 산물이며 결과인 것 못지않게 그 원인이며 원동력이다. 프롤레타리아의 행동은 역사의 결정 요인이다. 인간이 자기 자신의 그림자를 뛰어넘을 수 없듯이 역사 발전을 뛰어넘을 수 없더라도 역사 발전을 가속하거나 지연할 수는 있다. 사회주의 프롤레타리아 계급의 승리는 역사적 철칙의 결과일 것이며 그 전의 고통스럽고 더딘 수많은 발전 단계가 필요하다. 그렇지만 역사 과정에서 모인 물질적 조건이 거대한 대중 속에서 생겨나는 번쩍이는 자각적 의지력의 불꽃으로 점화되지 않는다면 결코 승리할 수 없을 것이다.[31]

마르크스와 엥겔스가 심화시킨 사고를 따라, 로자 룩셈부르크는 노동자 대중이 사회주의를 의식적 목표로 삼는 것이야말로 사회주의를 성취하기 위한 **필수 전제 조건**이라고 믿었다. 《공산당 선언》에 다음과 같은 말이 있다.

이제까지의 모든 운동은 소수의 운동이었거나 소수의 이해관계에 따른 운동이었다. 프롤레타리아의 운동은 압도 다수의 이해관계에 따른 압도 다수의 자기의식적이고 독자적인 운동이다.

엥겔스는 또 다음과 같이 썼다.

각성하지 못한 대중의 선봉에 선 각성한 소수가 혁명을 수행하던 시기는 이미 과거가 돼 버렸다. 사회 조직의 완전한 변혁이라는 과제가 있는 곳에서는 대중이 스스로 변혁 과정에 참가해 과제가 무엇이며 몸과 마음을 바쳐 행동하려고 하는 것이 무엇인지 스스로 파악하지 않으면 안 된다.[32]

로자 룩셈부르크는 비슷한 논조로 다음과 같이 썼다.

프롤레타리아 대중의 각성된 의지와 행동이 없다면 사회주의란 있을 수 없다.[33]

또한 로자가 작성한 독일 공산당(스파르타쿠스동맹) 강령에는 다음과 같이 언급돼 있다.

1. 스파르타쿠스동맹은 노동계급 위에 군림해 권력을 장악하거나 노동계급을 이용해 권력을 장악하려는 당이 아니다. 스파르타쿠스동맹은 단지 자신의 목표를 굳게 확신하는 노동계급의 한 부분일 뿐이다. 스파르타쿠스동맹은 광범한 노동운동이 노동계급의 역사적 책무를 다하도록 모든 국면에서 지도하는 부분일 뿐이다. 혁명의 모든 국면에서 스파르타쿠스동맹은 궁극적인 사회주의적 목표를 표명할 것이며, 모든 민족 문제에서 세계 프롤레타리아 혁명의 이익을 대변할 것이다.

2. 스파르타쿠스동맹은 독일 노동계급 대다수의 분명한 의지가 없다면, 다시 말해 스파르타쿠스동맹의 관점, 목표, 투쟁 방법에 대한 의식적 동의가 없다면 결코 정권을 맡지 않을 것이다.

프롤레타리아 혁명은 고통스럽고 쓰디쓴 험로를 패배와 승리를 겪으며 한 걸음 한 걸음 나아갈 때 비로소 명확해지고 성숙해질 것이다.

스파르타쿠스동맹의 승리는 혁명이 시작될 때가 아니라 혁명이 끝날 때다. 그것은 수많은 사회주의 프롤레타리아 대중의 승리를 뜻한다.[34]

하나의 계급으로서 노동계급은 사회주의적 목표와 이를 성취하는 방법을 자각해야 하는 한편, 자신들을 지도할 혁명적 정당도 필요하다. 모든 공장, 부두, 건설 현장에는 선진 노동자(즉, 계급투쟁 경험이 더 많고 자본가계급의 영향을 덜 받는 노동자)와 후진 노동자가 있다. 혁명적 정당을 조직해 후진 노동자에게 영향력을 행사하고 지도하려고 시도하는 것은 선진 노동자의 의무다. 로자 룩셈부르크가 말했듯이, "프롤레타리아 계급의 이런 대중운동에는 원칙이 있는 조직된 세력의 지도가 필요하다."[35]

혁명적 정당은 자신의 지도적 구실을 자각해야 하는 한편, 노동계급은 자발성 없는 수동적 대중이고 정당은 무오류의 사상과 행동의 원천이라고 생각하는 사고방식을 경계해야 한다.

물론 사회민주주의는 투쟁의 사회적 조건을 이론적으로 분석해, 프롤레타리아 계급투쟁에 이제까지 볼 수 없었을 만큼 의식이라는 요소를 도입했다. 사회민주주의는 계급투쟁에 명확한 목표를 부여했다. 사회민주주의는 처음으로 노동자 대중의 영속적 조직을 만들어 냈고, 그리하여 계급투쟁을 위한 견고한 중추를 확립했다. 그러나 이제부터는 대중의 역사적 주도력이 모두 사회민주주의 정당으로만 옮겨 가 버리고 미조직 프롤레타리아 대중은 형태를 갖지 못하고 역사의 부담이 돼 버렸다고 생각하는 것은 돌이킬 수 없는 파국을 초래할 잘못을 범하는 것이다. 그와 반대로, 사회민주주의 정당이 존재하더라도 인민 대중은 여전히 세계사의 살아 있는 실체다. 조직된 중핵과 인민 대중 사이에 혈액순환이 있을 때만, 그리고 하나의 심장 고동이 이 양자에게 생명을 주고 있을 때만 사회민주주의 정당은 자신이 위대한 역사적 행위를 할 수 있다는 것을 증명할 수 있다.[36]

따라서 정당은 진공 상태에서 전술을 발명하는 것이 아니라, 먼저 대중운동의 경험에서 얻은 교훈에서 배운 다음 그로부터 일반화해야 한다. 노동계급의 역사상 커다란 사건들은 이 주장이 의심할 여지 없이 옳다는 것을 보여 줬다. 1871년 파리 노동자들은 새로운 형태의 국가(상비군과 관료제가 없고 모든 관리가 노동자의 평균임금을 받으며 언제든지 소환될 수 있는)를 수

립했는데, 마르크스는 이를 보고 노동자 국가의 성격과 구조를 일반화했다. 또, 1905년 페테르부르크 노동자들은 볼셰비키와 무관하게 소비에트(노동자평의회)를 수립했다. 소비에트는 지역 볼셰비키 지도부와 사실상 대립 관계에 있었고, 레닌은 소비에트를 적대시하지는 않았지만 적어도 의심스러워했다. 그러므로 로자 룩셈부르크가 1904년에 다음과 같이 쓴 것에 누구라도 동의할 수밖에 없을 것이다.

사회민주주의 투쟁 전술의 중요한 특징은 '발명'되는 것이 아니다. 그것은 끊임없이 계속되는 기본적 계급투쟁이라는 일련의 위대한 창조적 행위의 산물이다. 여기서는 무의식이 의식에 앞서고 객관적 역사 발전의 논리가 행위자의 주관적 논리에 앞선다.[37]

노동자는 정당 지도부의 일방적 가르침에서 배우는 것이 아니다. 로자 룩셈부르크는 카우츠키파에 반대해 다음과 같이 말했다.

그들은 프롤레타리아 대중을 사회주의 정신으로 교육한다는 것을 다음과 같이 생각하고 있다. 즉, 프롤레타리아에게 강의를 하고 유인물과 소책자를 배포하는 것이라고. 천만에! 사회주의 프롤레타리아의 학교는 이런 것들이 필요하지 않다. 활동 자체가 대중을 교육하는 것이다.[38]

결국, 룩셈부르크는 다음과 같은 결론을 내린다. "진정으로 혁명적인 노동운동이 저지른 오류가 최정예 중앙위원회의 무오류보다 역사적으로 볼 때 훨씬 값지고 생산적이다."[39]

로자 룩셈부르크는 노동계급의 창조력은 강조하면서도(이 점은 전적으로 옳다), 보수적 조직이 대중 투쟁에 끼칠지도 모르는 퇴보적이고 해로운 영향은 과소평가하는 경향이 있다. 룩셈부르크는 대중 봉기가 일어나기만 하면 운동 자체가 심각한 타격을 입지 않고 그런 지도부쯤은 제쳐 버릴 것이라고 믿었다. 룩셈부르크는 1906년에 다음과 같이 썼다.

언제 어떤 상황에서라도 독일에서 커다란 정치투쟁이 일어나기만 한다면, 거대한 경제투쟁의 시기도 동시에 열릴 것이다. 노동조합 지도자들에게 이 운동에 대한 지지 여부를 확인하려고 사태가 단 1초라도 멈추는 일은 없을 것이다. 만약 지도자들이 운동에서 벗어나거나 운동에 반대한다면, 정당이나 노조의 지도자들은 사태의 물결에 휩쓸려 사라지고 정치투쟁뿐 아니라 경제투쟁도 이 지도자들 없이 마지막까지 수행될 것이다.[40]

로자 룩셈부르크가 반복 또 반복한 것은 바로 이 주제다.

룩셈부르크가 조직의 구실을 과소평가하고 자발성의 구실을 과대평가하는 듯한 경향을 보이는 이유를 이해하려면 룩셈부크가 활동하던 당시 상황을 살펴봐야 한다. 무엇보다, 룩셈부르크는 독일 사회민주당의 기회주의적 지도부와 싸워야 했다. 이 지도부는 조직의 구실을 과도하게 강조하고 대중의 자발성을 경시했다. 대중파업의 가능성을 인정할 때조차 다음과 같이 생각했다. 정치적 대중파업에 돌입해야 할 상황과 적절한 시점(예컨대, 노동조합 기금이 넉넉할 때)은 오로지 정당과 노조의 지도부가 결정할 것이며 날짜도 그들이 확정할 것이다. 또한 파업의 목적을 정하는 것도 그들인데, 베벨·카우츠키·힐퍼딩·베른슈타인 등에 따르면 그 목적이란 선거권을 쟁취하거나 의회를 옹호하는 것이다. 무엇보다, 정당과 당 지도부의 명령 없이는 노동자들이 아무것도 하지 말아야 한다는 계율은 반드시 지켜야 한다. 로자 룩셈부르크가 맞서 싸운 것은 바로 강력한 당 지도부와 허약한 대중이라는 관념이었다. 그러나 룩셈부르크는 막대기를 조금 과도하게 구부려 버렸다.

룩셈부르크가 맞서 싸운 노동운동의 또 다른 진영은 폴란드 사회당이었다. 폴란드 사회당은 폴란드의 민족 독립이야말로 자신의 목표라고 천명하는 국수주의적 조직이었다. 그렇지만 그 투쟁을 위한 대중적인 사회적 기반이 없었다. 지주와 부르주아지는 민족주의적 투쟁을 외면했고, 폴란드 노동자들(이들은 러시아 노동자들을 동맹자로 여기고 있었다)은 민족국가를 세우려고 투쟁할 욕구가 없었다(이 책의 6장 "로자 룩셈부르크와 민족 문제”참조). 이런 상황에서 폴란드 사회당은 테러 단체를 조직하는 등 모험주의적 행동 노선을 채택했다. 이 행동 노선은 전체 노동계급에 기초한 것이 아니라 단지 정당 조직에만 기초한 것이었다. 또한 사회적 과정을 거의 고려하지 않았으며, 지도부의 결정만을 가장 중요한 것으로 여겼다. 이 때문에 로자 룩셈부르크는 폴란드 사회당의 주의주의主意主義와 벌인 장기간의 투쟁에서도 자발성이라는 요소를 강조한 것이다.

룩셈부르크가 맞서 싸운 노동운동의 셋째 경향은 신디컬리즘, 즉 노동조합에 아나키즘을 섞어 놓은(아나키즘의 개인주의적 요소는 받아들이지 않고 조직은 지나치게 강조하는) 경향이었다. 이 경향의 본거지는 프랑스였다. 프랑스는 공업이 후진적이고 덜 집중돼 있어서 신디컬리즘이 뿌리를 내릴 수 있었다. 신디컬리즘은 프랑스 노동운동이 1848년과 1871년에 잇달아 패배하고 밀랑의 배신과 조레스가 이끄는 당의 배신으로 노동자들 속에 모든 정치 활동과 조직에 대한 의구심이 깊어지자 세력을 얻었다. 신디컬리즘은 총파업을 현대 혁명의 중요한 한 요소일 뿐이라고 생각하기보다는 사회혁명과 동일시해 버렸다. 신디컬리스트들은 총파업이 명령 한마디로 촉발될 수 있으며 곧이어 부르주아 지배 질서가 전복될 거라고 믿었다. 그래서 그들도 혁명적 요소를 강조하면서도 이를 과도하게 단순화했다. 즉, 대중 의식의 고양과 상관없이 지도자들의 자발적 의지로 결정적 행동을 이끌어 낼 수 있다고 본 것이다. 독일의 개혁주의자들도 입으로는 이런 주의주의를 부인했지만 실천에서는 그와 유사한 경향을 드러냈다. 프랑스 신디컬리스트들이 대중파업과 혁명을 우스꽝스럽게 만들었다면, 독일의 기회주의자들은 대중파업과 혁명이라는 생각을 통째로 내팽개쳐 버림으로써 마찬가지로 웃음거리로 만들었다. 룩셈부르크는 독일판 주의주의에 맞서 싸우는 동시에 신디컬리즘이라는 형태로 나타난 프랑스판 주의주의와도 싸움을 벌이면서, 이 주의주의가 본질적으로 노동자의 주도력과 자발성을 관료적으로 부정하는 것임을 보여 줬다.

로자 룩셈부르크가 자발성을 과대평가하고 조직이라는 요소를 과소평가한 주된 이유는 아마도 개혁주의에 대항한 당면 투쟁에서는 모든 혁명의 첫걸음인 자발성을 강조해야 했기 때문일 것이다. 룩셈부르크는 노동계급이 벌이는 투쟁의 한 국면을 과도하게 일반화한 나머지 투쟁 전체에 적용해 버린 것이다.

사실, 혁명은 정당의 지도 없이 자발적 행동으로 시작된다. 프랑스 대혁명은 바스티유 감옥 습격으로 시작됐다. 아무도 이것을 조직하지 않았다. 봉기하는 대중의 선봉에 당이 있었던가? 그렇지 않았다. 미래의 자코뱅파 지도자들, 가령 로베스피에르 같은 사람들마저 그때까지는 군주제를 반대하지 않았으며 정당을 조직하지도 않았다. 프랑스 혁명은 1789년 7월 14일에 대중의 자발적 행동으로 시작됐다. 1905년과 1917년 2월의 러시아 혁명도 마찬가지다. 1905년 혁명은 한편으로 차르의 군대와 경찰, 다른 한편으로 가퐁 신부(사실 차르의 첩자였다)가 이끈 남녀·어린이·노동자 대중 사이에서 빚어진 유혈 충돌로 시작됐다. 과연 노동자들을 독자적 사회주의 정책을 지닌 명쾌하고 결단력 있는 지도부가 조직했던가? 물론 아니다. 그들은 성상聖像을 들고 친애하는 작은 하느님 아버지(차르)에게 착취자로부터 자신들을 보호해 달라고 청원하러 간 것이다. 이것이 거대한 혁명의 첫걸음이었다. 12년 후인 1917년 2월 이번에는 경험을 더 쌓았고 앞의 혁명에서보다 더 많은 사회주의자가 포함된 대중이 역시 자발적으로 봉기했다. 어떤 역사가도 2월 혁명의 조직자를 밝히지 못했는데, 2월 혁명이 전혀 조직된 것이 아니었기 때문이다.

그러나 혁명은 자발적 봉기로 일어난 후에는 다른 방식으로 진행된다. 프랑스 대혁명에서는 지롱드파가 이끈 반半공화제 정부가 무너지고 봉건적 소유관계를 일소해 버린 혁명적 정부가 등장했는데, 그것은 정당의 지도를 전혀 받지 않은 미조직 대중이 해낸 것이 아니라 자코뱅파의 결단력 있는 지도로 이뤄진 것이었다. 정당의 방향타가 없었다면, 지롱드파와 전면전이 필요했던 이 중요한 전진은 불가능했을 것이다. 당시 파리 시민들은 수십 년 동안이나 학정에 시달렸기에 지도부 없이도 왕에 대항해 자발적으로 들고일어날 수 있었다. 그러나 그들의 다수는 매우 보수적이고 역사적 경험과 지식도 턱없이 부족해서, 혁명이 겨우

2~3년밖에 경과하지 않은 상황에서는 혁명을 끝까지 밀고 나가려는 측과 어느 선에서 타협하려는 측을 구별할 수 없었다. 그러나 역사적 상황 때문에 어제까지만 해도 동맹자였던 타협파와 끝까지 투쟁해야 했다. 이 위대한 임무를 자각하고 지도를 담당한 것은 1792년 8월 10일을 기점으로 철저하게 지롱드파 타도에 나선 자코뱅파였다. 마찬가지로, 러시아 10월 혁명도 자발적 행동은 아니었다. 일정을 비롯해 모든 중요한 세부 사항은 사실상 볼셰비키가 조직했다. 2월과 10월 사이에 혁명이 우여곡절을 겪는 동안(가령 6월 시위, 7월 공세와 곧이은 질서정연한 퇴각, 코르닐로프의 우익 쿠데타 격퇴 등) 노동자들과 병사들은 볼셰비키의 영향력과 지도 아래로 더욱 밀접하게 결집했다. 이런 정당은 혁명을 초기 국면에서 최후 승리로 끌어올리는 데 필수적이었다.

로자 룩셈부르크가 그런 정당의 중요성을 어쩌면 과소평가했음을 인정한다 하더라도, 룩셈부르크의 실로 엄청난 역사적 가치를 폄하해서는 안 된다. 룩셈부르크는 개혁주의가 판치는 가운데 보수적 틀을 깨 버릴 수 있는 가장 중요한 힘, 즉 노동자의 자발성을 강조했다. 룩셈부르크의 지속적 힘은 노동자의 역사적 주도력을 완전히 신뢰한 데 있다.

혁명에서 자발성과 지도의 관계에 대한 룩셈부르크의 견해에서 나타난 몇몇 단점을 지적할 때는, 혁명운동에서 룩셈부르크를 비판한 사람들(특히 레닌)이 모든 점에서 룩셈부르크보다 올바르고 균형 잡힌 마르크스주의적 분석에 근접해 있었다고 결론짓지 않도록 경계해야 한다.

로자 룩셈부르크는 관료적 중앙집중주의가 혁명적 사회주의를 망치는 주범 노릇을 하던 상황에서 활동했고, 따라서 대중의 기본적 활동을 끊임없이 강조할 수밖에 없었다. 반면, 레닌은 러시아 노동운동의 무정형성(여기서는 조직이라는 요소를 과소평가하는 것이 가장 위험했다)에 맞서 싸워야 했다. 룩셈부르크가 활동한 나라와 노동운동의 조건을 떠나서는 룩셈부르크의 관점을 이해할 수 없듯이, 러시아 노동운동의 구체적·역사적 조건을 제대로 살피지 않고서는 레닌의 견해를 이해하기 어려울 것이다.

자발성과 조직의 관계에 대한 레닌의 생각은 두 편의 주요 저작 《무엇을 할 것인가》(1902)와 《일보 전진 이보 후퇴》(1904)에 개진돼 있다. 레닌이 이 저작들을 쓴 당시의 러시아 노동운동은 서구, 특히 독일과는 비교가 안 될 정도로 허약했다. 고립되고 소규모인 데다 거의 자생적인 단체들이 운동의 대오를 이루고 그들 사이에는 공통된 정책도 없었으며, 해외 마르크스주의 지도자, 즉 플레하노프·레닌·마르토프·트로츠키 등에게서 아주 적은 영향만 받았다. 이 단체들은 취약하고 고립되고 분산돼 있었기 때문에 시야가 좁았다. 러시아 노동자들이 대중파업과 시위를 벌이며 전투적으로 변해 가고 있었는데도 사회주의 단체들은 당장 실현될 수 있는 경제적 요구만을 내걸었다. 이런 소위 '경제주의'적 경향이 사회주의 단체 사이에서 지배적이었다. 레닌의 《무엇을 할 것인가》는 '경제주의', 즉 순수 노동조합주의를 가차없이 공격한 것이었다. 그는 대중투쟁의 자발성(당시 러시아 도처에서 두드러졌던)은 정당의 조직과 의식성에 의해 보완돼야 한다고 주장했다. 지역 단체들을 통합하고 노동운동에 정치의식을 불어넣으려면 중앙 기관지를 발행하는 전국적 정당을 창건해야 한다. 사회주의 이론은 경제투쟁의 외부에서 노동계급에게 도입돼야 한다. 이것만이 노동운동이 사회주의를 위한 투쟁으로 즉시 나아가게 할 수 있는 유일한 방안이다. 이 계획에 따르면, 정당은 주로 고도로 중앙집중적인 지도를 받으며 활동하는 직업 혁명가로 이루어져야 한다. 당의 정치 지도부는 중앙 기관지의 편집부가 돼야 한다. 당 지도부는 국내의 당 지부를 조직하거나 재조직하고 당원의 가입과 제명을 관장하고 지방위원회 위원들을 임명할 수 있는 권한을 지녀야 한다. 레닌은 1904년에 멘셰비키를 비판하면서 다음과 같이 썼다.

> 마르토프 동지의 기본 생각은 … 명백히 잘못된 '민주주의', 즉 아래로부터 당을 건설하자는 생각이다. 반대로, 내 생각은 정당이 위에서 아래로, 당대회에서 개별 당 조직으로 건설돼야 한다는 의미에서 '관료적'이라 할 수 있다.[41]

스탈린주의자들과 이른바 비非스탈린주의적 레닌 추종자들은 《무엇을 할 것인가》와 《일보 전진 이보 후퇴》가 발전 단계와 무관하게 모든 나라와 운동에 무조건 적용될 수 있는 양 시도 때도 없이 인용한다!

레닌은 이런 '레닌주의자'는 결코 아니었다. 일찍이 1903년에 러시아 사회민주노동당 2차 대회에서 레닌은 《무엇을 할 것인가》에 제시된 정식 가운데 몇 가지 과장된 점을 지적했다. "경제주의자들은 막대기를 한쪽으로 구부렸다. 그것을 다시 바로 펴자면 반대쪽으로 구부려야 했다. 내가 한 일은 바로 그것이었다."[42] 2년 후, 3차 대회를 위해 쓴 결의안 초안에서 레닌은 자신의 조직관이 보편적으로 적용할 수 있는 것은 아니라고 강조했다. "자유로운 정치 상황에서라면 우리 당은 전적으로 선출 원칙에 따라 조직할 수 있고 또 조직할 것이다. 전제정치 아래서는 이것은 실현될 수 없다." 1905년 혁명기에 당원이 엄청나게 증가하자, 레닌은 직업 혁명가를 더는 이야기하지 않는다. 이제 당이 더는 엘리트 조직이 아닌 것이다.

3차 대회에서 나는 당 위원회에 노동자 여덟 명당 지식인 두 명 정도는 돼야 한다는 희망을 피력했다. 그 희망은 이제 얼마나 시대에 뒤떨어진 것이 돼 버렸는가. 이제 새로운 당 조직에서는 지식인 한 명당 수백 명의 노동자 당원이 있는 것이 바람직할 것이다.

레닌은 《무엇을 할 것인가》에서 노동자는 자신의 노력만으로는 노동조합주의적 의식까지밖에 도달하지 못한다고 서술했지만 [1905년 혁명 후에는] 다음과 같이 썼다. "노동계급은 본능적으로, 또 자생적으로 사회민주주의자다."[43] "자본주의 사회에서 프롤레타리아의 특수한 조건은 노동자들을 사회주의를 향한 열망으로 이끌어 간다. 프롤레타리아와 사회주의 정당의 결합은 운동의 초기 국면에 저절로 갑작스럽게 이뤄진다." 1902년에 레닌은 당이 아주 엄격한 당원 자격을 갖춘, 빈틈없이 꽉 짜인 소규모 집단이기를 원했지만, 1905년에는 "모든 수준의 당 조직에 노동자들이 수십만 명씩" 가입해야 한다고 썼다. 레닌은 1907년에 《12년》이라는 논문집의 머리말에서 또다시 다음과 같이 주장했다.

현재 《무엇을 할 것인가》를 논박하는 사람들이 저지르는 기본 오류는 그들이 이 저작을 특정한 역사적 상황(지금은 우리 당의 발전사에서 이미 오래전의 일이 돼 버린)이라는 맥락에서 떼 내어 생각한다는 것이다. 《무엇을 할 것인가》는 논쟁을 통해 경제주의를 교정했다. 이 소책자의 내용을 이런 임무에서 떼 내어 고려하는 것은 잘못이다.[44]

레닌은 《무엇을 할 것인가》가 잘못 이용되는 것을 꺼렸기 때문에, 1921년에 이 책을 다른 나라 말로 번역한다는 계획이 세워졌을 때 탐탁치 않게 여겼다. 레닌은 막스 레빈에게 다음과 같이 이야기했다. "그것[《무엇을 할 것인가》의 번역 계획]은 바람직하지 않습니다. 번역본을 내려면, 잘못 활용되는 것을 막기 위해 러시아 공산당의 역사를 잘 아는 러시아인 동지가 쓴 훌륭한 주석을 반드시 덧붙여야 합니다."[45]

공산주의인터내셔널(코민테른)이 규약을 논의할 때, 레닌은 제안된 규약이 당내에서 비판의 자유와 당 지도부에 대한 아래로부터 통제를 허용하고 있음에도 너무 '러시아적'이고 중앙집중주의를 지나치게 강조한다는 이유를 들어 그 규약에 반대했다. 레닌은 과도한 중앙집중주의는 서구의 상황에는 적합하지 않다고 주장했다.(당시 레닌 자신이 이끌던 당은 매우 중앙집중적인 조직, 심지어 반‡군사적인 조직이었다. 그러나 이런 형태는 내전이라는 긴박한 상황 때문에 불가피한 것이었다.)

레닌의 조직관, 즉 막대기를 중앙집중주의 쪽으로 과도히 구부렸던 것은 러시아의 상황 때문이라는 것을 감안해야 한다.

노동계급이 소수였던 후진적인 제정 러시아에서는 노동계급이 혼자 힘으로 자신을 해방할 수 있다는 생각은 쉽게 무시될 수 있었다. 러시아에서는 소규모 조직이 대중의 기본 활동을 대신하려 드는 오랜 전통이 있었기에 더욱 그랬다. 프랑스에서는 군주제와 봉건제를 타도한 것이 민중이었던 반면, 러시아에서는 데카브

리스트*와 나로드니키 테러리스트들이 이 임무를 떠맡았다.[46]

앞에서 인용한 사회주의 운동의 민주적 성격에 관한 마르크스의 주장과, 혁명적 사회민주주의는 "프롤레타리아의 조직과 군건히 결합한 자코뱅"을 표방해야 한다는 레닌의 주장은 명백히 서로 모순된다. 미조직 대중의 선봉에 선 의식 있고 조직된 소수는 결국 소수의 이익을 위한 혁명이 돼 버린 부르주아 혁명에 어울린다. 자각한 소수와 자각하지 못한 다수의 분리, 정신노동과 육체노동의 분리, 한편에 경영자·관리자와 다른 한편에 순종하는 노동자 대중이 분리돼 존재하는 것은 설사 사회주의에 접목된다 하더라도 노동자들이 자신들의 운명을 집단적으로 통제한다는 사회주의의 정수가 제거된 자칭 '사회주의'일 따름이다.

룩셈부르크와 레닌이 각기 활동했던 특수한 상황 탓에 불가피하게 형성된 둘의 역사적 한계를 평가해 보는 것은 이 둘의 생각을 나란히 놓을 때만 가능하다.

노동계급의 해방은 노동계급 자신만이 수행할 수 있다고 강조한 룩셈부르크는 대중운동이나 대중조직과 스스로 거리를 두는 모든 종파적 경향을 참을 수 없었다.

비록 여러 해 동안 독일 사회민주당 지도부와 거북한 관계였

---

* 1825년 12월 농노제 폐지와 입헌정치를 요구하며 반란을 일으킨 자유주의적 청년 장교들.

지만, 룩셈부르크는 혁명적 사회주의자들이 사회민주당에 남아야 한다고 계속 주장했다. 심지어 독일 사회민주당이 제국주의 전쟁을 지지하고 나선 뒤에도, 또 카를 리프크네히트가 독일 사회민주당 의원단에서 제명되고 나서도(1916년 1월 12일), 룩셈부르크와 리프크네히트는 분열하면 혁명가 그룹이 일개 종파로 전락하고 말 것이라며 계속해서 사회민주당 잔류를 고수했다. 룩셈부르크는 별로 중요하지 않은 소규모 혁명가 그룹의 지도자였을 때만 이런 관점을 지녔던 것이 아니었다. 그와는 반대로, 전쟁이 질질 끌면서 스파르타쿠스동맹이 영향력이 커지고 주목할 만한 세력이 됐을 때도 이 관점을 유지했다.

앞에서 봤듯이, 1914년 12월 2일에는 사회민주당 의원 가운데 리프크네히트만이 전쟁공채 법안에 반대표를 던졌다. 1915년 3월, 다른 의원 오토 륄러가 이에 합류했다. 1915년 6월 당직자 1000여 명이 계급 협조 정책에 반대하는 성명서에 서명했다. 1915년 12월 20명의 의원이 제국의회의 전쟁공채 법안에 반대표를 던졌다. 1916년 3월, 사회민주당 의원단은 점점 늘어나는 반대자들을 비록 당에서는 추방할 수 없었지만 의원단에서 제명해 버렸다.

의회에서 벌어진 일들은 의회 밖, 즉 공장, 거리, 당 지부, 사회주의청년단*에서 벌어진 사태의 반영이었다.

---

* 사회민주당의 청년 조직.

로자 룩셈부르크와 프란츠 메링이 편집한 반전 잡지《디 인터나치오날레》는 단 하루 만에 5000부나 배포됐다. 비록 이것이 처음이자 마지막 호가 됐지만 말이다(이 잡지는 곧바로 경찰의 탄압을 받았다).[47] 사회주의청년단의 압도 다수는 1916년 이스터에서 열린 비밀 회의에서 스파르타쿠스동맹을 지지하기로 결의했다. 1916년 메이데이에는 노동자 1만여 명이 베를린의 포츠다머 광장에 모여 반전 시위를 벌였다. 드레스덴, 예나, 하나우 등에서도 반전 시위가 일어났다. 1916년 6월 28일 리프크네히트가 2년 6개월의 중노동형을 선고받자, 5만 5000명의 노동자들이 리프크네히트에 대한 연대를 나타내고자 베를린의 군수공장들에서 파업을 감행했다. 슈투트가르트, 브레멘, 브라운슈바이크 등의 도시에서도 시위와 파업이 일어났다. 1917년 4월, 러시아 혁명에 영향을 받아 군수산업의 거대한 파업 물결이 전국을 휩쓸었다. 베를린에서만 30만 명의 노동자가 거리로 뛰쳐나왔다. 1918년 1~2월에는 군수산업에 또 한 번 파업 물결이 밀려왔는데, 여기에는 무려 150만 명의 노동자가 참가했다.

이 파업들의 성격은 대체로 정치적이었다. 노동자 50여만 명이 참가한 베를린의 파업은 영토 병합과 배상금을 수반하지 않는 즉각적 강화조약 체결과 민족자결권을 요구했다. 주요 요구로 '평화·자유·빵'이라는 혁명적 구호가 제기됐다. 이 파업에서 노동자 여섯 명이 살해되고 다수가 부상을 입었다. 수천 명의 파업 노동자가 강제징집당했다.

로자 룩셈부르크는 이런 상황에서도, 카우츠키·베른슈타인·하제가 이끄는 사회민주당 중간파가 우파와 결별하고 새로운 정당(독립사회민주당USPD)을 결성하는 1917년 4월까지 사회민주당에 남아 있을 것을 계속 고집했다. 독립사회민주당은 순전히 의회주의 정당으로서 노동자들에게 반전 대중파업이나 반전 시위를 선동하려 하지 않고 교전국 정부가 강화조약을 체결하도록 압력을 넣는 것을 목표로 삼았다. 1916년 1월에 사회민주당의 한 분파로 형성된 스파르타쿠스동맹은 이제 독자적 조직과 독자적 행동권을 유지한 채 독립사회민주당과 느슨한 관계를 맺었다. 1918년 12월 29일에 독일 혁명이 발발하고 나서야 비로소 스파르타쿠스동맹은 마침내 독립사회민주당과 관계를 끊고 독자적 정당(공산당)을 창건했다.

사회민주당, 나중에는 독립사회민주당을 탈당하라는 압력이 기층 혁명가들한테서 계속 나왔다. 그러나 룩셈부르크는 이에 반대했다. 1891년에 탈당 선례가 있었는데, 그때도 꽤 큰 규모의 혁명가 집단이 사회민주당의 개혁주의를 비판하며 분리해 독립사회주의당을 창건했다. 그러나 독립사회주의당은 이내 와해돼 완전히 사라져 버리고 말았다.

1917년 1월 6일, 로자 룩셈부르크는 사회민주당을 탈당하고 싶어 하는 혁명가들을 다음과 같이 비판했다.

오늘날 최상의 당원들이 [혁명적] 조급성과 괴로움 때문에 당을 대거 떠난 것은 비록 가상하고 이해할 만한 일이지만 그래도 도피는 역시 도피다. 탈당은 부르주아지에게 팔아넘겨져 샤이데만과 레긴 정권의 억압 아래 고통스러운 질식 상태에 있는 대중을 배신하는 행위다. 어느 작은 종파가 마음에 들지 않으면 거기서 나와 다른 작은 종파를 만들 수는 있다. 그러나 간단히 탈퇴해서 용감한 모범을 보이면, 프롤레타리아 대중을 이토록 무겁고 끔찍한 부르주아지의 멍에에서 해방할 수 있으리라고 기대하는 것은 유치한 환상일 뿐이다. 당원증을 해방의 환상이라고 여겨 찢어 버리는 것은 권력이 당원증 안에 있다고 믿는 환상이 뒤집힌 것일 뿐이다. 이 두 가지 태도는 모두 오래된 독일 사회민주주의의 고질병인 조직상의 백치병을 나타내는 서로 다른 양극단일 뿐이다. 독일 사회민주주의의 붕괴는 노동계급과 부르주아지의 전면 투쟁이라는 거대한 역사 과정의 일부이며, 우리는 보호림 속에 있는 더 깨끗한 공기를 마시려고 이 전장에서 도피해서는 안 된다. 이 거대한 투쟁을 끝까지 수행해야 한다. 지배계급의 강요로, 현혹당하고 배반당한 노동계급의 목에 밧줄을 걸려는 어용 사회민주주의와 어용 자유 노동조합의 치명적 교살 음모에 맞서 온 힘을 다해 끝까지 싸워야 한다. 우리는 아무리 참혹한 싸움이라도 최후까지 대중과 함께해야 한다. 오늘날 사회민주주의를 자처하는 '조직된 부패 덩어리'를 일소하는 것은 소수 개인이나 소수 집단의 사적인 일이 아니다. …

지난 수십 년간 독일의 계급투쟁은 명백히 사회민주당과 노동조합의 권위에 맞서 싸워야 했고, 그렇기 때문에 다음과 같은 말이 우리 모두에게 마지막까지 적용된다. "나는 여기 남아 있고, 달리 할 수 있는 일은 없다."[48]

룩셈부르크는 노동계급의 대중정당을 떠나는 것에 반대했지만 개혁주의에 조금이라도 양보하려 한 것은 아니었다. 그래서 1917년 1월 7일 스파르타쿠스동맹 회의에서는 룩셈부르크의 주장을 받아들여 다음과 같은 결의가 통과됐다. "반대파는 사회민주주의라는 외투를 걸친 제국주의 정책으로부터 대중을 지키고, 당을 프롤레타리아의 반군국주의 계급투쟁을 위한 신병 충원의 장으로 활용하며, 다수파의 정책을 남김없이 격퇴하기 위해 당내에 머무른다."[49]

룩셈부르크가 독자적인 혁명적 정당 건설을 꺼린 것은 상황 변화에 더디게 반응한 데서 비롯했다. 이것이 독일에서 혁명적 정당 건설이 지체된 주된 이유다. 그러나 룩셈부르크만 그런 것은 아니었다. 레닌도 카우츠키와 결별하는 데 룩셈부르크만큼이나 느렸다. 레닌이 혁명적 좌파의 독일 사회민주당에 대한 미련과 카우츠키와의 협력에 반대했다는 스탈린류의 역사 서술에는 아무런 근거도 없다.[50] 사실, 룩셈부르크는 레닌보다 훨씬 일찍 카우츠키파에 대해 명확한 평가를 내렸고 그들과 갈라섰다.

레닌은 20여 년 동안이나 카우츠키를 살아 있는 위대한 마르크스주의자로 여겼다. 몇 가지 예를 들어 보자. 《무엇을 할 것인가》에서는 그 책의 중심 주제를 뒷받침할 주요 논거로 카우츠키를 인용했으며 독일 사회민주당을 러시아 노동운동의 모델로 칭찬하고 있다. 1906년 12월 레닌은 "러시아 노동계급의 전위는 카를 카우츠키를 예부터 지금까지 스승으로 삼고 있다"고 썼다. 레닌은 카우츠키를 "독일의 혁명적 사회민주주의자들의 지도자"라고 서술했다.[51] 1908년 8월 레닌은 전쟁과 군국주의 문제에 관한 논거로 카우츠키를 인용했다.[52] 1910년 룩셈부르크가 권력 쟁취의 방법 문제를 둘러싸고 카우츠키와 논쟁을 벌였을 때, 레닌은 룩셈부르크에 반대하고 카우츠키의 편을 들었다. 1914년 2월이 돼서도 레닌은 민족 문제에 관해 룩셈부르크와 논쟁을 벌이면서 카우츠키를 마르크스주의 권위자로서 제시했다. 전쟁이 발발하고 카우츠키가 국제주의를 배신하자, 비로소 레닌은 카우츠키에 대한 환상을 버렸다. 그 뒤 레닌은 다음과 같이 시인했다. "로자 룩셈부르크가 옳았다. 룩셈부르크는 이미 오래전에 카우츠키가 시류에 편승하는 이론가, 당의 다수파를 받드는 이론가, 간단히 말해서 기회주의를 섬기는 이론가임을 깨달았다."[53]

어떤 곳에서든, 또 권력 장악 투쟁의 어떤 발전 단계에서든, 사회주의 노동자 운동의 조직 형태는 노동자 권력 자체의 형성에 중대한 영향을 미친다. 그래서 혁명적 정당의 조직 형태 논쟁은 채택된 조직 형태가 시행되는 단계 이후에도 중요하다. 어느 나라에서도 러시아 노동운동만큼 날카롭게 조직 문제가 토론되지 않았다. 이 논쟁은 대부분 운동의 최종 목적과 그 운동을 둘러싼 반½봉건적 전제주의의 현실(노동자들이 자유롭게 조직을 만드는 것을 가로막은) 사이의 커다란 괴리 때문에 일어났다.

자발성과 조직의 관계에 대한 룩셈부르크의 견해가 보수적 관료가 지도하는 노동운동에서 혁명가들이 직면한 즉각적 필요를 반영한 것이었다면, 1902~04년 레닌의 초기 견해는 후진적이고 반½봉건적인 전제 정권 치하에서 초기 발전 국면에 있던 활기차고 전투적인 혁명운동의 무정형성이 반영된 것이었다고 할 수 있다.

그러나 룩셈부르크의 조직관을 형성한 역사적 상황이 어떠했든, 이런 조직관은 1918~19년의 독일 혁명에서 커다란 취약성을 드러냈다.

6장
로자 룩셈부르크와
민족 문제

로자 룩셈부르크는 세 제국(러시아·독일·오스트리아)이 분할한 나라인 폴란드의 노동자 정당 지도자로서 민족 문제에 반드시 명확한 태도를 취해야 했다. 룩셈부르크는 1896년에 쓴 첫 과학적 조사 작업인 《폴란드의 산업 발달》에서 정식화한 태도를 생애 마지막까지(이 문제로 레닌과 심각한 갈등을 겪었지만) 견지했다.

룩셈부르크의 태도는 민족 문제에 관한 마르크스와 엥겔스의 가르침을 계승한 동시에 방향 전환한 것이다. 따라서 룩셈부르크의 견해를 올바로 이해하려면 민족 문제에 대한 마르크스와 엥겔스의 태도를 (대강이라도) 살펴봐야 한다.

마르크스와 엥겔스는 부르주아 민주주의 혁명기인 유럽 자본주의의 발흥기에 살았다. 부르주아 민주주의의 틀은 국민국가였고, 마르크스와 엥겔스는 사회주의자의 임무를 "부르주아지와 동맹해 절대군주, 봉건지주, 프티부르주아지에 대항해" 싸우는 것으로 봤다.[54] 1848년에 썼듯이 모든 민주주의 혁명의 가장 큰 적은 러시아의 차르였고, 차르에 버금가는 것이 오스트리아의 합스부르크 왕가였다. 폴란드를 예속시킨 러시아는 코슈트*가 이끈 헝가리 민주혁명(1849년)을 압살한 주범이었고, 러시아와 오스트리아는 독일과 이탈리아의 내정에 직·간접으로 개입해 독일과 이탈리아의 완전한 통일을 가로막았다. 따라서 마르크스와 엥겔스는 차르와 합스부르크 왕가에 대항하는 모든 민족운동을 지원하는 동시에, 동일한 기준에 입각해 객관적으로 차르나 합스부르크 왕가의 손아귀에서 놀아나는 민족운동에는 반대했다.

마르크스와 엥겔스는 폴란드가 독립한다면 거대한 혁명적 반향이 있을 것이라고 주장했다. 첫째, 민주주의 혁명기의 중서부 유럽과 '유럽의 헌병'인 러시아 사이에 벽이 만들어질 것이다. 둘째, 폴란드인의 민족 봉기에 흔들린 합스부르크 제국은 다른 민족의 잇따른 봉기로 붕괴할 것이다. 즉, 이 제국의 모든 민족은 비로소 자유로워질 것이고 오스트리아의 독일인들은 독일의 나

---

* 1848~49년 합스부르크 제국의 지배에 맞서 혁명을 일으켜 정권을 장악했으나 차르 군대의 개입으로 패배해 영국으로 망명했다.

머지 대중과 힘을 합칠 수 있을 것이다. 이것은 독일 문제를 가장 일관되고 민주적이고 혁명적으로 해결하는 게 될 것이다. 셋째, 폴란드의 독립은 프로이센 지주 귀족에게 심각한 타격을 가할 것이며, 더 나아가 독일 전체에서 민주주의 혁명의 추세를 강화할 것이다.

마르크스와 엥겔스는 모든 진보의 주적인 제정 러시아에 유럽의 모든 민주주의 운동이 선전포고할 것을 요구했다. 특히 폴란드의 해방을 위해 혁명 독일이 무장할 것을 요구했다. 제정에 반대하는 민주주의 전쟁은 폴란드와 독일의 민족 독립을 보호할 것이고, 러시아 절대주의의 몰락을 앞당길 것이며, 전 유럽의 혁명 세력을 자극할 것이다.

마르크스와 엥겔스는 폴란드인과 헝가리인(마자르인)의 민족 운동을 지지한 반면 다른 민족운동은 지지하지 않았다. 예를 들면, 1848년 혁명 동안 남슬라브족(크로아티아인·세르비아인·체코인)의 민족운동을 비난했다. 이 운동들이 주요 적을 객관적으로 도왔다고 생각해 비난한 것이다. 합스부르크 제국보다 마자르인들을 더 증오한 크로아티아 군대는 헝가리로 진군한 차르 군대를 도왔고, 체코 군대는 빈 혁명을 진압하는 것을 도왔다.

제정 러시아가 개입한 모든 전쟁에서 마르크스와 엥겔스는 중립이나 서로 싸우는 양 진영에 모두 반대하는 태도를 취한 게 아니라 러시아에 대해서만 군사적으로 반대하는 태도를 취했다.

마르크스와 엥겔스는 크림 전쟁 동안 영국과 프랑스 정부가 러시아에 대항해 끝까지 일관되게 전쟁을 수행하지 않은 것을 비판했다. 1877년에 발발한 러시아·터키 전쟁에서도 마르크스는 또다시 "용감한 터키인"을 지지했다.[55] 마르크스와 엥겔스는 죽을 때까지 제정 러시아를 반동의 주요 요새로 여겼고, 러시아에 대항하는 전쟁은 혁명가의 임무였다.

민족운동을 판단하는 기준(민족운동이 중서부 유럽의 부르주아 민주주의 혁명에 미치는 효과) 때문에 마르크스와 엥겔스는 민족 문제에 관한 자신들의 결론을 당연히 자본주의가 상당히 발달한 유럽(과 북아메리카)로 제한했다. 당시로서는 타당하게, 마르크스와 엥겔스는 혁명적 부르주아 민족주의 개념을 아시아·아프리카·라틴아메리카 나라들에는 적용하지 않았다. 예를 들면, 엥겔스는 "내 견해로는 엄밀한 의미의 식민지, 즉 거주민 대다수가 유럽인인 캐나다·케이프식민지·호주는 모두 독립할 것이고, 다른 한편 선주민이 살고 있고 단지 정복당한 나라인 인도·알제리와 네덜란드·포르투갈·스페인의 속령들은 당분간 프롤레타리아가 접수한 뒤 최대한 빨리 독립으로 나아가야 할 것"이라고 썼다.[56] 엥겔스는 인도가 혁명을 통해 스스로 해방할 수도 있지만 그런 일은 유럽에 부차적 중요성만 있다고 생각했다. 인도가 해방을 원한다면, "그 기회가 전면 보장돼야 한다. … 프롤레타리아는 어떤 것이든 식민지 전쟁을 하면서 스스로 해방할 수는 없기 때문이다." 그러나 식민지의 해방이 유럽의 사회주의 혁명보다 먼저 일어날 수 있고 심지어 유럽의 혁명을 상당히 도울 수 있다는 생각은 엥겔스에게(마르크스에게도) 완전히 낯설었다. 인도나 알제리, 이집트가 자유로워진다면

확실히 우리에게는 더할 나위 없이 좋은 일일 것이다. 우리가 본국에서도 할 일이 충분히 있을 것이다. 일단 유럽이 재조직되고 북아메리카도 그렇게 되면 반쯤 문명화된 나라들이 자진해서 유럽과 북아메리카의 뒤를 좇도록 모범이 되고 굉장한 힘이 될 것이다.[57]

로자 룩셈부르크는 마르크스와 엥겔스를 좇아 민족운동을 주로 유럽적인 것으로 여겼고 아시아·아프리카의 민족운동은 별로 중요하게 생각하지 않았다. 마르크스와 엥겔스처럼 룩셈부르크도 민족 독립 투쟁들을 판단하는 절대적 기준을 배격했다. 그러나 룩셈부르크는 과학적 사회주의의 창시자들이 한 말을 단순히 반복하는 추종자는 결코 아니었다.

정치 생활 초창기에 룩셈부르크는 유럽 일반, 특히 러시아의 상황이 19세기 말에 너무 많이 변한 나머지 유럽의 민족운동에 대한 마르크스와 엥겔스의 견해를 더는 지지할 수 없게 됐다고 지적했다.

중서부 유럽에서 부르주아 민주주의 혁명의 시기는 지나가 버

렸다. 프로이센 지주 귀족은 차르의 도움이 더는 필요하지 않을 정도로 강해져서 자신들의 지배를 확립했고 차르 체제는 이제 더는 난공불락의 반동 요새가 아니었으며 그 요새의 벽에 커다랗게 금이 가기 시작했다. 마르크스와 엥겔스의 시대에는 혁명의 중심이 중서부 유럽이었던 반면, 19세기 말에서 20세기 초의 전환기에는 바르샤바·우치·페테르부르크·모스크바와 러시아 제국 여러 지역 노동자들의 대중파업과 농민의 반항적 자각 등으로 말미암아, 혁명의 중심이 사실상 동쪽(러시아)으로 옮겨 갔다. 마르크스의 시대에 차르 체제는 여타 지역의 혁명적 봉기를 진압하던 주요 헌병이었던 반면, 지금은 차르 체제 자신이 서유럽 자본주의 열강의 도움(주로 재정적 도움)이 필요하게 됐다. 러시아의 탄환과 루블화가 서쪽으로 가는 게 아니라, 독일·프랑스·영국·벨기에의 군수품과 마르크화·프랑화·파운드화가 갈수록 더 많이 러시아로 흘러 들어갔다. 한 걸음 더 나아가 룩셈부르크는 모국인 폴란드의 민족적 열망과 관련해 근본적 변화가 일어났다고 지적했다. 마르크스와 엥겔스 시대에는 폴란드의 귀족이 민족운동의 지도자였다. 그러나 폴란드에서 자본주의가 점점 발전하면서 귀족들은 이제 사회적 기반을 상실했고, 그래서 폴란드의 진보적 운동을 탄압하는 데 차르 정부와 동맹을 맺었다. 그 결과 폴란드의 귀족들은 민족 독립 열망에 냉담해졌다. 폴란드의 부르주아지도 산업에 필요한 주요 시장을 러시아에서 발견하면서 민족 독립 열망을 적대시했다. 룩셈부르크는 "폴란드는 황금의 사슬로 러시아에 묶여 있다"고 지적했고 "국민국가가 아니라 약탈 국가가 자본주의 발전에 상응한다"고도 말했다.[58] 폴란드의 노동계급 역시 러시아에서 자신의 동맹자를 찾았기 때문에 러시아에서 분리하는 데 관심이 없다고 룩셈부르크는 지적했다. 따라서 폴란드에는 비중 있는 어떤 사회 세력도 민족 독립을 위해 싸우는 데 관심이 없었다. 단지 지식인만이 그 이상을 여전히 간직하고 있지만, 그들은 매우 작은 사회 세력일 뿐이었다. 룩셈부르크는 폴란드의 여러 사회 세력과 민족 문제에 대한 그들의 태도를 분석한 뒤 "사회 발전의 뚜렷한 방향으로 보면, 폴란드에는 폴란드의 복원에 관심 있는 동시에 그것을 이룰 수 있는 사회 계급이 존재하지 않는다는 것이 명백해졌다"는 말로 결론을 내렸다.[59]

룩셈부르크는 이런 분석으로부터 자본주의에서는 민족 독립 슬로건이 진보적 가치가 없으며, 폴란드 민족 내부 세력으로는 독립을 실현할 수 없고 여러 제국주의 열강이 개입하는 경우에만 폴란드의 독립이 이뤄질 것이라는 결론에 도달했다. 또한 사회주의에서는 민족 억압이 더는 존재하지 않고 인류의 국제적 단결이 실현되면서 민족 독립 슬로건이 들어설 여지가 전혀 없을 것이라고 주장했다. 자본주의에서는 폴란드의 진정한 독립이 실현되지 못할 것이고 독립으로 나아가는 어떤 걸음도 진보적

가치가 전혀 없는 반면, 사회주의에서는 민족 독립 슬로건이 필요하지 않을 것이다. 따라서 노동계급은 폴란드의 민족자결을 위해 투쟁할 필요가 없고, 그런 투쟁은 사실상 반동적이다. 노동계급의 민족 슬로건은 문화생활에서 민족적 자치를 요구하는 데 한정돼야 한다.

이런 태도를 취하면서 룩셈부르크와 그녀가 속한 폴란드·리투아니아왕국사회민주당은 피우수트스키(나중에 폴란드의 군사독재자가 된다)가 이끄는 폴란드 사회당 우파와 격심한 대립 관계에 들어갔다. 폴란드 사회당 우파는 말로만 사회주의를 떠드는 민족주의자들이었다. 민족주의를 받쳐 주는 대중 기반이 없었기 때문에 심지어 미래의 세계대전이 민족 독립의 산파가 될 거라고 기대하며 외국 열강과 음모를 꾀했다. 사회당 우파의 본거지인 갈리치아는 오스트리아의 지배를 받았는데 이곳의 폴란드인은 러시아령 폴란드인보다 더 나은 대우를 받았다. 주된 이유는 여러 민족이 뒤섞인 합스부르크 제국의 지배자들이 제국의 지배를 강화하기 위해 폴란드 지배계급에 의지해야 했기 때문이다. 그래서 폴란드 사회당 지도자들은 러시아 제국보다 합스부르크 제국을 더 좋아하는 경향이 있었고, 제1차세계대전 동안 그들은 오스트리아와 독일의 모병관 노릇을 했다. 1905년 혁명 중에는 갈리치아의 사회당 지도자인 다신스키가 폴란드 노동자들의 대중파업을 비난하기까지 했는데, 폴란드 노동자들이 자신들의 투쟁을 러시아 노동자들의 투쟁과 동일시하는 경향 때문에 폴란드인의 민족적 단결이 저해된다는 게 이유였다. 폴란드 노동운동에서 룩셈부르크와 대립한 자들에 대해 명확히 파악할 때만 폴란드 민족 문제에 대한 룩셈부르크의 견해를 올바르게 이해할 수 있다.

국수주의적인 폴란드 사회당에 맞서 벌인 투쟁은 민족 문제 일반에 대한 룩셈부르크의 태도 전체에 영향을 끼쳤다. 사회당의 민족주의에 반대하다가 너무 나아가, 룩셈부르크는 당 강령에서 민족자결권을 언급하는 것마저 반대했다. 바로 이 때문에 룩셈부르크의 당인 폴란드·리투아니아왕국사회민주당은 일찍이 1903년에 러시아 사회민주노동당과 분열했고 그 후에도 결코 볼셰비키와 조직적 결합을 하지 않았다.

레닌은 룩셈부르크가 폴란드 사회당에 반대하는 것에 동의했고, 폴란드 사회주의자들의 임무는 민족독립이나 러시아로부터의 분리가 아니라 폴란드 노동자들과 러시아 노동자들의 국제적 단결을 위해 싸우는 것이라고 룩셈부르크와 한목소리를 냈다. 그러나 억압 민족의 일원인 레닌은 옳게도 민족 문제에 대한 냉소적 태도가 대ㅊ러시아 국수주의에 이용되는 것을 경계했다. 따라서 폴란드 노동자들은 민족국가 수립 요구를 피할 수 있고 또 피해야 하는 한편, 러시아의 사회주의자들은 폴란드인들이 원한다면 자신들의 분리된 국가를 세울 수 있는 권리를 옹호하는 투쟁을 해야 한다.

폴란드 사회민주당 동지들의 위대한 역사적 공헌은 국제주의 슬로건을 제출하고 "우리는 무엇보다도 만국 프롤레타리아의 우애적 동맹을 소중히 여기며 폴란드의 해방을 위한 전쟁에 뛰어들지 않겠다"고 말했다는 사실이다. 이것은 위대한 공헌이고, 바로 이 때문에 우리는 언제나 폴란드 사회민주당 동지들만을 폴란드의 진정한 사회주의자로 여겨 왔다. 다른 자들은 애국주의자들이고 폴란드판 플레하노프들이다. 그러나 사회주의를 옹호하기 위해 광적이고 병적인 민족주의에 반대해 싸워야 했던 이 독특한 상황이 기묘한 현상을 낳았다. 폴란드 동지들이 우리에게 폴란드의 자유와 분리 독립할 권리를 부인해야 한다고 말하는 것이다.

왜 우리가, 가장 많은 민족을 억압해 온 대러시아인이 폴란드·우크라이나·핀란드인의 분리권을 거부해야 하는가? … 폴란드 사회민주주의자들은 자신들과 러시아 노동자들이 단결하는 게 유리하다고 생각하기 때문에 폴란드의 분리를 반대한다고 주장한다. 그들에겐 충분히 그럴 권리가 있다. 그러나 폴란드 사회민주주의자들은 국제주의를 강화하기 위해 [자신들과 우리가] 똑같은 말을 할 필요는 없다는 것을 이해하려 하지 않는다. 즉, 폴란드에 있는 우리 동지들은 피억압 민족이 단결할 권리를 강조해야 하지만, 러시아에 있는 우리가 할 일은 피억압 민족의 분리권을 강조하는 것이다. 단결의 권리는 분리의 권리를 함축한다. 폴란드인들은 단결할 권리를 강조해야 하지만 우리 러시아인들은 분리할 권리를 강조해야 한다.[60]

민족 문제에 관한 레닌과 룩셈부르크의 차이는 다음과 같이 요약할 수 있다. 첫째, 룩셈부르크는 폴란드 민족주의에 반대하는 투쟁에서 시작했으므로 민족 문제에 냉소적 태도를 취하는 경향이 있었던 반면, 레닌은 억압 민족과 피억압 민족의 처지가 다르므로 똑같은 문제에 대한 태도도 서로 다를 수밖에 없다는 점을 현실적으로 이해했다. 상이하고 상반되는 상황에서 출발한 그들은 정반대 방향으로 나아가 노동계급의 국제적 단결이라는 동일한 결론에 도달했다. 둘째, 룩셈부르크는 민족자결의 문제를 계급투쟁과 양립할 수 없는 것으로 취급해 버린 반면, 레닌은 (민주주의 투쟁을 모두 일반적인 혁명 투쟁의 무기로 이용한 것과 똑같이) 민족자결 문제를 계급투쟁에 종속시켰다. 로자 룩셈부르크에게서는 찾아볼 수 없는 민족 문제에 대한 레닌의 접근 방식의 원천은 변증법이었다. 즉, 레닌은 민족 억압에서 대립물의 통일을 봤고, 부분(민족 독립 투쟁)을 전체(사회주의를 향한 국제적 투쟁)에 종속시켰다.

민족 문제와 관련해 로자 룩셈부르크의 강점은 다른 경우와 마찬가지로 국제주의에 완전히 헌신하고 독립적으로 사고한 것이다. 마르크스의 방법을 적용해 룩셈부르크는 마르크스의 시대와 자신의 시대 사이에 폴란드와 러시아의 관계가 어떻게 변했는지 이해할 수 있었다. 이 때문에 룩셈부르크는 마르크스와 달리 폴란드 민족의 투쟁에 반대하게 됐지만, 동시에 다시 마르크스·엥겔스와 달리 터키에 대항한 남슬라브인의 민족운동을 지지하게 되기도 했다. 마르크스와 엥겔스는 제정 러시아의 진출을 저지하려면 터키 제국의 통일이 유지돼야 하고 남슬라브인의 민족운동은 범슬라브주의 이상에 휘말리고 차르의 수중에서 놀아나는 맹목적 무기이므로 반대해야 한다고 주장했다. 룩셈부르크는 마르크스 시대 이후 발칸반도의 새로운 조건을 탁월하게 분석했다. 그에 따른 첫째 결론은 터키에게 억압받는 발칸 민족들이 해방하면 오스트리아·헝가리 제국의 피억압 민족들이 봉기한다는 것이었다. 둘째 결론은 마르크스 시대 이래로 발칸 지역의 민족운동은 부르주아지의 지배 아래 놓였으므로 러시아의 영향력이 조금이라도 계속되는 것은 단지 터키의 억압 때문이라는 것이었다. 터키의 멍에에서 발칸 민족들이 해방된다면 제정 러시아의 영향력이 강화되는 게 아니라 오히려 약화될 것이다. 왜냐하면 발칸 민족들은 반동적인 차르 체제와 갈수록 더 충돌할 진보적인 신생 부르주아지의 지도 아래 있을 것이기 때문이다. 이와 같이 발칸 민족들의 투쟁에서 룩셈부르크가 취한 태도는 폴란드 민족 투쟁에 관한 태도와 사뭇 달랐다.

그럼에도 앞에서 다룬 몇 가지 문제에서 봤듯이, 룩셈부르크의 생기 넘치는 독립적 사고는 자신의 직접적 경험을 다른 곳의 노동운동으로 너무 쉽게 일반화하는 경향에서 비롯한 약점 때문에 손상됐다.

7장
권력을 장악한
볼셰비키에 대한 비판

브레슬라우 감옥에 있던 1918년 9~10월에 로자 룩셈부르크는 러시아 혁명에 관한 소책자를 썼다. 동료들이 감방에 몰래 넣어 준 독일과 러시아 신문을 저술의 토대로 이용했다. 독일 혁명이 터지자마자 석방돼 룩셈부르크는 미처 소책자를 완성하거나 다듬지 못했다.

이 소책자의 초판은 룩셈부르크가 사망한 뒤인 1922년에 동지 파울 레비가 발행했다. 그러나 이것은 불완전한 것이었고, 1928년에 새로이 발견된 초고를 바탕으로 개정판을 발행했다.

로자 룩셈부르크는 10월 혁명과 볼셰비키의 가장 열렬한 지지자였다. 그녀는 이것을 자신의 소책자에서 다음과 같이 명확히 밝혔다.

레닌과 트로츠키, 그 밖의 다른 동지들은 당이 역사적 순간에 제공할 수 있는 용기, 혁명적 통찰력, 일관성을 충분히 제공했다. 서유럽의 사회민주주의에 결여된 혁명적 명예와 역량을 볼셰비키가 모두 구현했다. 볼셰비키의 10월 봉기는 러시아 혁명을 구원했을 뿐 아니라 국제 사회주의의 명예도 구원해 줬다.[61]

룩셈부르크는 다시 다음과 같이 썼다.

그것은 이런저런 부차적 전술 문제가 아니라 프롤레타리아의 행동 능력, 행동할 용기, 사회주의 권력 의지의 문제다. 이런 점에서 레닌, 트로츠키와 그들의 동지들은 세계의 프롤레타리아에게 모범을 보이며 앞서 나간 **선구자**였다. 그들은 지금까지도 후텐* 처럼 "나는 감히 해냈다!"고 외칠 수 있는 **유일한 사람들**이다.

이것이 볼셰비키 정책의 본질적이고 **지속적인** 측면이다. 이런 의미에서 볼셰비키는 국제 프롤레타리아의 선두에 서서 정치권력을 장악하고 사회주의 실현이라는 문제를 실천적으로 제기했고, 전 세계에서 노동이 자본에 대한 강력한 보복에 나서게 하는 등 불후의 역사적 공헌을 했다. … 그리고 이런 의미에서 미

---

* 16세기 초 독일의 인문주의자. 루터의 종교개혁을 지지해 1522년 기사전쟁에 참가했으나 패배해 추방됐다.

래는 어디서나 '볼셰비즘'의 것이다.[62]

룩셈부르크는 10월 혁명에 최고의 찬사를 보냈지만 볼셰비키가 한 일을 모두 비판 없이 받아들인다면 노동운동에 도움이 되지 않는다고 믿었다. 마르크스주의의 분석 방법은 혁명적 비판을 먼저 거치지 않은 것은 결코 받아들이지 않는 것이어야 한다고 봤다.

룩셈부르크는 서유럽 사회민주주의의 배신으로 러시아 혁명이 고립됐기 때문에 러시아 혁명의 발전이 분명히 왜곡될 수밖에 없다고 생각했다. 국제 혁명의 지원이 없다면 "한 나라의 프롤레타리아의 힘과 희생이 아무리 크더라도 불가피하게 모순과 어리석은 실수의 미로 속에 빠져들 수밖에 없을 것이다."[63]

룩셈부르크는 이런 몇몇 모순과 오류를 지적한 뒤 그 원인을 다음과 같이 규명했다.

러시아에서 일어나는 모든 일이 뜻하는 바는 분명하며 시작과 끝이 다음과 같은 필연적 인과 사슬을 보여 준다. 즉, 독일 프롤레타리아가 패배하고 독일 제국주의가 러시아를 점령하는 것이다. 만일 우리가 레닌과 그의 동지들이 그런 상황에서 최상의 민주주의와 가장 모범적인 프롤레타리아 독재, 번영하는 사회주의 경제를 실현해 내기 기대한다면, 그것은 레닌과 그의 동지들에게 초인적인 것을 요구하는 것이다. 그들은 확고한 혁명적 입장과 모범적 활동력, 국제 사회주의에 대한 변함없는 헌신으로 엄청난 악조건 속에서 최대한 기여해 왔다.[64]

객관적 요인들 탓에 혁명에서 실수가 발생할 수 있지만 지도부의 주관적 요인들이 이런 실수들을 위험한 것으로 만들 수 있다. 실수가 미덕으로 바뀔 때가 특히 위험하다. "위험은 그들이 당연히 해야 할 일을 하고는 공을 내세우거나 불가피한 상황 때문에 어쩔 수 없이 채택한 전술을 모두 완벽한 이론 체계로 짜맞추려 들 때, 그리고 그것들을 사회주의 전술의 모델로 국제 프롤레타리아에게 권유하고 싶어 할 때 비로소 시작된다."[65]

훗날 스탈린주의 정당들(애석하게도 반스탈린주의자를 자처하는 일부도)은 바로 이런 위험한 사고방식에 머리끝까지 푹 빠져 버렸다.

로자 룩셈부르크는 권력을 장악한 볼셰비키의 다음 정책들이 잘못됐다고 비판했다.

첫째, 토지 문제.

둘째, 민족 문제.

셋째, 제헌의회.

넷째, 노동자들의 민주적 권리.

각각의 문제를 따로따로 살펴보겠다.

룩셈부르크는 사회주의 토지 정책은 농업 생산의 사회화 촉진
을 목표로 삼아야 한다고 주장했다.

기술적으로 가장 앞서고 가장 집중된 농업 생산수단인 대토지의
국유화만이 토지에서 사회주의적 생산양식의 출발점이 될 수 있
다. 물론, 소농의 땅뙈기를 몰수할 필요는 없으며 소농이 사회적
생산이 훨씬 유리함을 스스로 깨닫고 우선은 협동조합에, 결국은
전반적으로 사회화된 전체 경제에 편입되는 것이 이익임을 납득
할 수 있도록 자신감을 가지고 그들을 놓아둘 수 있다. 여전히 토
지를 둘러싼 모든 사회주의적 경제개혁은 명백히 대지주나 중농이
소유한 토지에서 시작해야 한다. 여기서 소유권은 사회주의 정부
를 세운 국민이나 국가(결국은 같은 것을 뜻하지만)에 우선 넘겨져
야 한다. 그래야만 상호 연관된 대규모 사회적 생산의 요구에 걸맞
게 농업 생산을 조직할 수 있기 때문이다.[66]

그러나 볼셰비키의 정책은 이것과 정반대였다. "볼셰비키가 내
건 슬로건, 즉 농민에 의한 토지의 즉각적 몰수와 분배는 … 사회
주의적 조처가 아닐뿐더러 … 심지어 사회주의적 조치로 가는 길
을 가로막기까지 한다. 그것은 농업 관계를 사회주의적으로 변형
하는 것을 가로막는 장애물을 산더미처럼 쌓아올리는 처사다."[67]
로자 룩셈부르크는 올바르게, 또 현실이 증명했듯이 예언적으

로, 농민에게 토지를 분배하면 농촌에서 사유재산의 힘이 강화될 것이고 이것이 장차 농업의 사회화를 더욱 어렵게 만들 것이라고 지적했다.

이전에는 소수의 귀족과 자본가적 토지 소유자, 부유한 향촌 부르주아지만이 사회주의적 토지개혁을 반대했다. 그리고 인민의 혁명적 대중운동으로 이들의 토지를 몰수하는 것은 그저 식은 죽 먹기였다. 그러나 '몰수' 후인 지금은 모든 사회주의적 공격에 대항해 새로 획득한 자신들의 재산을 필사적으로 지키려 들 거대하고 강력한 신흥 토지 소유 농민 대중이 농업 생산을 사회화하려는 모든 노력에 반대하는 세력으로 존재한다.[68]

이 사실(적대적이고 후진적인 프티부르주아 농민의 바다 한복판에 고립된 소수의 노동계급)이 얼마나 중요한지는 스탈린의 집권으로 충분히 입증됐다!

그러나 레닌과 트로츠키는 다른 대안이 없었다. 볼셰비키당 강령에 모든 토지의 국유화가 규정돼 있던 것은 사실이다. 또 여러 해 동안 레닌은 농민에게 지주의 토지를 분배하는 것을 지지한 사회혁명당에 격렬히 반대했다. 그러나 1917년에 토지 문제를 즉각 해결해야 하자 레닌은 그토록 비난해 마지않던 사회혁명당, 아니 그보다는 자생적 농민운동의 슬로건을 곧장 채택해 버렸다.

볼셰비키가 그렇게 하지 않았다면 볼셰비키와 그들이 이끈 도시 노동계급은 농촌으로부터 고립됐을 것이고 혁명은 (1919년 헝가리 혁명이 그랬듯이) 유산되거나 기껏해야 단명했을 것이다.

어떤 전략·전술을 구사한들 볼셰비키는 러시아 혁명에 내재한 근본 모순(집단주의적 노동계급과 개인주의적 농민이라는 서로 모순되는 두 계급이 혁명을 수행했다는 사실)을 극복할 수 없었다. 이미 1906년에 트로츠키는 노동계급이 농민을 지도할 미래의 혁명은 농민이 노동계급에 매우 격렬하게 대립하는 것으로 끝날 것이고 혁명의 확산만이 노동자 권력의 전복을 막을 수 있다고 내다봤다.

> 러시아 프롤레타리아는 … 한편으로는 조직적으로 혁명을 적대하는 전 세계 반동 세력과 다른 한편으로는 혁명을 기꺼이 조직적으로 도우려는 전 세계 프롤레타리아와 마주하게 될 것이다. 혁명이 고립되면 농민이 프롤레타리아에게서 등을 돌리는 바로 그 순간에 반혁명 세력이 러시아 노동계급을 분쇄해 버릴 것이 틀림없다. 노동자들은 자신의 정치적 지배, 따라서 전체 러시아 혁명의 운명을 유럽 사회주의 혁명의 운명과 결합하는 것 말고는 달리 도리가 없을 것이다.[69]

볼셰비키의 토지 정책에 대한 룩셈부르크의 평가는 러시아 혁명이 직면한 상황에 대한 매우 올바른 통찰을 보여 주며, 볼셰비키의 여러 정책에 깃든 고질적 위험성을 지적해 준다. 그러나 상황은 볼셰비키가 수행한 토지 정책(농민의 민주적이고 자생적인 소망에 따라 지주에게서 몰수한 토지를 분배하는 것) 말고는 다른 어떤 혁명적 토지 정책도 허락하지 않았다.

룩셈부르크는 민족 문제에 관한 볼셰비키의 정책에도 매우 비판적이었는데, 그 정책이 혁명을 가장 위태롭게 만들고 있다고 경고했다.

군사적 패배가 러시아의 붕괴와 몰락으로 이어진 것에 볼셰비키도 어느 정도 책임이 있다. 더욱이, 볼셰비키가 여러 정책의 전면에 내세운 슬로건(이른바 민족자결권)이 상황에 따른 객관적 어려움을 매우 첨예하게 만들었다. 즉, 이 슬로건에 실제로 내재돼 있는 것은 러시아의 분열이었다.[70]

룩셈부르크는 자결권이라는 슬로건 대신에 "제국 내 모든 지역의 혁명 세력과 더할 나위 없이 긴밀하게 결속하려 애쓰고 … 혁명의 보루인 러시아 제국을 필사적으로 지키며, 모든 분리주의에 맞서고, 러시아 혁명의 영향을 받는 모든 곳의 프롤레타리아의 연대와 불가분성을 정치적 지상명령으로 온 힘을 다해 수호"하는 정책을 제안했다.[71]

이 문제에 관한 룩셈부르크의 견해는 완전히 잘못됐다!

만약 볼셰비키가 민족 문제에서 룩셈부르크의 권고를 따랐다면 러시아 혁명 이전에 억압받던 민족의 지배계급은 어떻게든 대중을 자신들 주변에 점점 더 결집시켰을 것이고, 그 결과 소비에트 권력의 고립이 심해졌을 것이다. 러시아 혁명 이전의 억압 민족이 민족자결권이라는 슬로건을 제시했기에, 비로소 볼셰비키는 모든 대중이 혁명을 지지하도록 결속할 수 있었다. 그 덕분에 볼셰비키는 세계대전과 내전 초기에 상실한 영토(예를 들면 우크라이나)를 일부나마 가까스로 되찾을 수 있었다. 적군赤軍이 초창기에 바르샤바 문턱에서 격퇴당하고, 매우 관료적이고 비민주적인 방식으로 그루지야에 진격해 그곳을 점령함으로써 그루지야인들의 원한을 샀던 것도 모든 민족이 자결권을 지닌다는 정책에서 일탈했기 때문이다.[72]

룩셈부르크는 토지 문제뿐 아니라 민족 문제에서도 오류를 범했는데, 룩셈부르크의 사고와 행동 전체에서 중심 원칙이던 민중의 결정이라는 원칙에서 벗어났기 때문이다.

룩셈부르크가 볼셰비키에게 퍼부은 비판의 화살 하나는 제헌의회 해산을 겨냥한 것이었다. 그녀는 다음과 같이 썼다.

레닌과 그의 동지들은 10월에 승리할 때까지 제헌의회 소집을 강력하게 요구했으며, 이 문제를 질질 끈 케렌스키 정권을 몇 차례 매우 격렬하게 공격했다.

트로츠키는 그의 흥미로운 소책자 《10월에서 브레스트리토프스크까지》에서 10월 혁명이 전체 혁명뿐 아니라 "제헌의회의 구원"을 뜻하는 것이기도 했다고 말한다. 트로츠키는 계속해서 "그리고 우리가 제헌의회에 들어가는 것은 체레텔리의 예비의회를 통해서가 아니라 소비에트로 권력을 장악함으로써 이룰 수 있다고 말했을 때, 우리는 전적으로 옳았다"고 말한다.

제헌의회 소집을 요구했던 바로 그 지도자들이 1918년 1월 16일에는 제헌의회를 해산해 버렸다.

룩셈부르크가 소책자에서 제안한 것은 소비에트 더하기 제헌의회였다. 그러나 현실은 그 제안이 이중권력으로 이어질 것이고 노동자의 권력기관인 소비에트를 위협할 것이라는 점을 아주 명확하게 보여 줬다. 볼셰비키 지도자들은 우선 소수의 부농을 우대하는 낡고 부당한 법률에 따라 선거가 치러졌다는 사실을 근거로 제헌의회 해산을 정당화했다(이 부농들은 단 한 차례만 소집된 제헌의회 회기에 토지, 평화, 소비에트로 권력 이양을 담은 법령의 비준을 거부했다). 룩셈부르크는 볼셰비키가 과거의 왜곡에서 자유로운 새 선거를 손쉽게 치를 수 있었다고 반박했다.

그러나 해산의 실제 이유는 더 근원적인 데 있었다.

그것은 무엇보다, 소비에트가 대체로 노동계급의 기관이었던 반면 제헌의회는 주로 농민의 투표에 기초했다는 사실의 결과였다. 따라서 대략 2000만 명이 선출한 1917년 11월 8일의 소비에트 2차 대회에서 압도 다수를 차지한 볼셰비키가 러시아 국민 전체가 선출한 제헌의회에서는 4분의 1 정도밖에 지지를 획득하지 못한 것은 결코 우연이 아니었다. 사유재산에 강한 애착심을 지닌 농민은 비록 토지 분배와 평화를 위한 투쟁에서는 볼셰비키의 지원을 기꺼이 받아들였지만 결코 자신들을 볼셰비즘과 동일시할 수는 없었다. 그러므로 소비에트는 어느 모로 보나 제헌의회보다 훨씬 더 믿음직스러운 노동자의 지배를 위한 버팀목이었다.

그러나 제헌의회(즉 의회)가 소비에트와 병존하지 못한 데는 (러시아 인구에서 농민이 절대 다수라는 사실과는 무관한) 훨씬 더 근본적인 이유가 있었다. 의회가 부르주아 지배의 특수한 형태였듯이, 소비에트는 노동계급 지배의 특수한 형태인 것이다.

실제로 독일 혁명에서 룩셈부르크는 자신의 견해를 근본적으로 바꿔 독일 독립사회민주당이 제시한 '노동자평의회와 국민의회'라는 슬로건에 맹렬하게 반대했다. 그래서 룩셈부르크는 1918년 11월 20일에 다음과 같이 썼다.

국민의회를 호소하는 사람은 누구나 의식적이든 무의식적이든 혁명을 **부르주아** 혁명이 역사적으로 도달한 수준으로 끌어내리려 한다. 이런 자는 **부르주아지**의 첩자이거나 프티부르주아지의 무의식적 대변자다. …

오늘날 우리 앞에 놓인 선택지는 민주주의냐 독재냐가 아니다. **부르주아** 민주주의냐 사회주의적 민주주의냐가 쟁점이다. 프롤레타리아 독재는 사회주의적 의미의 민주주의다.[73]

룩셈부르크가 볼셰비키를 비판한 요지는 볼셰비키가 노동자 민주주의를 제한하고 손상시킨 데 책임이 있다는 것이었다. 이 문제에서는 룩셈부르크가 앞을 훤히 내다보기라도 하듯 절대적으로 옳았다는 것을 러시아의 비극적 역사 전체가 증명하고 있다.

룩셈부르크가 쓰고 말한 모든 것이 그랬듯이 러시아 혁명을 다룬 소책자의 핵심은 노동자에 대한 믿음과 오직 노동자들만이 인류가 직면한 위기를 극복할 수 있다는 확신이었다. 룩셈부르크는 노동자 민주주의는 프롤레타리아 혁명, 그리고 사회주의와 떼려야 뗄 수 없다고 열렬히 믿었다. 룩셈부르크는 다음과 같이 썼다.

사회주의적 민주주의는 약속된 땅에서 사회주의 경제의 기초가 창출되고 나서야 비로소 시작되는 것이 아니다. 그것은 과도기에 한 줌의 사회주의 독재자들에게 충성을 바친 훌륭한 민중한테 마치 크리스마스 선물처럼 선사되는 것이 아니다. 사회주의적 민주주의는 계급 지배 파괴와 사회주의 건설과 동시에 시작되는 것이다. 그것은 사회주의 정당이 권력을 잡는 바로 그 순간에 시작된다. 그것은 프롤레타리아 독재와 똑같은 것이다.

아무렴, 독재고 말고! 그러나 이 독재는 **민주주의를 적용하는 방식이**
지 민주주의를 제거하는 것을 뜻하지 않는다. 그것은 부르주아 사
회에서 확립된 여러 권리와 경제 관계를 가차없이 강력하게 공격
하는 것이다. 그러지 않고서는 사회주의적 변혁을 이룰 수 없다. 그
러나 이 독재를 수행하는 것은 **계급**이어야지 계급의 이름을 내건
소수의 지도자여서는 안 된다.[74]

사회주의의 적에 대한 노동계급의 독재를 서슴없이 지지하기
는 했지만 룩셈부르크는 완전하고 일관된 민주주의만이 노동계
급의 지배를 보장하고 노동계급의 거대한 잠재력이 발현될 기회
를 줄 수 있다고 주장했다. 룩셈부르크는 볼셰비키가 이 사상에
서 벗어났다고 주장했다.

레닌과 트로츠키의 독재 이론에 깔린 암묵적 가정은 실천에서 활
기차게 실행되기만 하면 되는, 혁명적 정당이라는 소집단 내에서
완성된 이미 만들어진 공식에 따라 사회주의적 변형이 이뤄진다는
것이다. 불행히도(어쩌면 다행히도) 이것은 참이 아니다. 경제·사
회·법률 체계로서 사회주의의 실현은 이미 만들어져 있고 적용만
하면 되는 처방들을 모은 것이 결코 아니라 미래라는 오리무중 속
에 있는 어떤 것이다. 강령이라는 것은 필요한 방책을 찾을 일반적
방향을 가리키는 몇 개의 길 안내 표지일 뿐이고, 거기에 쓰인 지

시 사항들은 성격상 대체로 부정적인 것이다. 따라서 우리는 사회주의 경제로 향하는 길을 깨끗이 하기 위해서 처음부터 무엇을 제거해야 하는지 거의 다 알고 있다. 그러나 사회주의의 원리들을 경제와 법과 모든 사회관계에 도입하는 데 필요한 크고 작은 수많은 구체적·실천적 방책들의 본질 문제에 이르면, 어떤 사회주의 정당의 강령이나 교과서에도 해답은 없다. 이것은 단점이 아니라 오히려 그야말로 과학적 사회주의를 다양한 변종의 공상적 사회주의보다 우월하게 만들어 주는 것이다. 사회주의적 사회체제는 살아 있는 역사가 여러 방식으로 발전해 나온 결과로서, 그 실현 과정에서 탄생해 자신의 경험을 통해 배우는 하나의 역사적 산물이어야 하고 또 그럴 수밖에 없다. 궁극적으로 살아 있는 역사는 자신을 한 구성 요소로 포함하는 유기체적 자연처럼 그 어떤 실질적인 사회적 필요와 더불어 자신을 만족시킬 수단을, 그리고 임무와 더불어 해결책을 항상 생산하는 습관을 갖고 있다. 그러나 이것이 참말이라면 사회주의는 그 본질상 포고령으로 발효되거나 도입될 수 없음이 명백하다.[75]

또 룩셈부르크는 러시아 노동자들의 집산체가 경제·사회 생활에 적극 참여하지 못할 것이라고 예측했다.

사무실 책상 뒤에 앉아 폼 잡는 한 무리 지식인들이 사회주의를 선포할 것이다. 온 나라의 정치 생활이 억압되면서 소비에트의 활력 또한 점점 더 왜곡될 게 틀림없다. 총선거, 언론과 집회의 무제한적 자유, 자유로운 의견 대립이 없다면 모든 공공단체에서 활력이 사라지고 관료만이 능동적 요소로 남는 단지 껍데기가 돼 버린다. 공적 생활은 점차 잠들어 버리고 지칠 줄 모르는 정력과 무한한 경험을 가진 당 지도자 수십 명만이 지도하고 지배하게 된다. 실제로는 그들 가운데 한 무리 두드러진 우두머리들만이 지도하고, 노동계급의 엘리트들은 때때로 회합에 초대받아 지도자들의 연설에 박수를 보내고 제안된 결의안들(실제로는 패거리의 관심사)을 만장일치로 승인할 것이다. 그러나 확실히 이는 프롤레타리아의 독재가 아니라 한 줌 정치가들의 독재, 즉 부르주아적 의미, 자코뱅의 지배라는 의미에서 독재다.[76]

룩셈부르크의 모든 저작과 마찬가지로, 러시아 혁명에 대한 룩셈부르크의 비판은 혁명적 사회주의를 비판하는 개혁주의자들에게 결코 위안이 되지 않는다. 오히려 노동계급 투쟁의 과학을 계속 생생하고 구속되지 않는 것으로 유지하려는 사람들에게 도움이 될 수 있었다. 룩셈부르크의 볼셰비키 비판은 카를 마르크스의 경구인 '기존의 모든 것에 대한 가차없는 비판'이라는 마르크스주의의 가장 빼어난 전통 위에 서 있다.

8장
《자본의 축적》

로자 룩셈부르크는 1906~13년에 독일 사회민주당의 활동가 학교에서 정치경제학을 강의했다. 그러는 동안 《정치경제학 입문》이라는 제목의 마르크스주의 경제학 책을 준비했다. 이 책의 초고를 끝맺을 무렵, 룩셈부르크는 예기치 못한 곤란에 직면했다.

나는 자본주의 생산 과정 전체의 모든 실제 관계와 그 객관적인 역사적 한계를 충분히 명확하게 묘사하는 데 성공하지 못했다. 나중에 이 문제를 좀 더 면밀히 검토해 본 뒤 나는 이것이 단순한 표현 기술 이상의 문제임을, 그것도 마르크스의 《자본론》 2권의 이론적 문제와 관련된 동시에 현재의 제국주의 정책과 제국주의의 경제적 원인과도 밀접하게 연관된 미해결 문제임을 확신하게 됐다.

이런 과정을 거쳐 룩셈부르크는 주요한 이론적 저작인《자본의 축적: 제국주의에 대한 경제적 설명》(1913)을 쓰게 됐다. 이 책은 마르크스의《자본론》을 잘 알지 않으면 이해하기가 결코 쉽지 않다. 그러나 이 저작은, 룩셈부르크의 주장에 대한 동의 여부를 떠나 의심의 여지 없이,《자본론》이후 마르크스주의 경제 이론에 대한 가장 중요한 기여 가운데 하나이며 독창적인 저작이다.

자연과학자가 중력의 법칙을 진공 상태에서 연구하는 것과 마찬가지로, 마르크스는 자본주의의 운동 법칙을 분석할 때 자본주의에서 모든 비자본주의 요인들을 제외했다.

룩셈부르크가 다룬 문제는 다음과 같다. 비자본주의 나라들이 존재하지 않거나 자본가와 노동자 이외의 다른 계급들이 존재하지 않는 추상적인 순수한 자본주의의 조건에서 확대재생산, 즉 생산 규모가 증대할 수 있는가? 마르크스는 그럴 수 있다고 가정했다. 룩셈부르크는 자본주의 경제 일반을 분석하려면 비자본주의 요인들을 제외하는 게 정당하지만, 확대재생산 문제를 다룰 때는 그렇게 하는 게 정당하지 않다고 주장했다.

물론 이 문제는 순수한 자본주의라는 것이 실제로 존재한 적이 없기 때문에 순전히 이론적인 문제다. 자본주의가 전前자본주의 영역을 침범해 온 동안에는 (자본주의 나라 자체에서 농민과 장인 등을 파멸시키면서 봉건제 내로 침투하거나 완전히 농

업적인 전자본주의 나라 안으로 침투함으로써) 확대재생산이
항상 일어났다.

자본주의가 단 한 번도 순수한 형태로 존재한 적 없었다면,
순수한 자본주의에서 확대재생산이 이론적으로 가능한지 여부
가 어떤 중요성이 있는가 하는 물음이 제기될 수 있다. 결국, 마
르크스도 룩셈부르크도 전자본주의 구조가 모두 철폐될 때까지
자본주의가 계속 존재할 것이라고 가정하지는 않았다. 그렇지만
이 물음에 대한 답은 비자본주의 영역이 자본주의 모순의 심화
나 완화에 미치는 영향과 자본주의를 제국주의적 팽창으로 몰
고 가는 요인들을 상당 정도 설명해 줄 수 있을 것이다.

마르크스가 자본주의의 재생산 과정 전체를 어떻게 기술했는
지 설명하는 것에서 시작해 보자.

마르크스는 단순재생산의 분석에서 출발하는데, 이는 자본축
적이 없는, 즉 잉여가치가 전부 자본가의 개인적 소비에 사용돼
생산이 확대되지 않는 상황(물론, 자본주의에서는 결코 존재한
적이 없다)을 가정한 것이다.

자본가가 단순재생산을 계속하려면 몇몇 조건이 충족돼야 한
다. 자본가는 자기 공장의 생산물을 팔 수 있어야 하며, 그렇게
해서 벌어들인 돈으로 특수한 산업에 필요한 생산재(기계·원자
재 등)를 살 수 있어야 한다. 또한, 자본가는 노동자에게 필요한
의식주와 그 밖의 생활필수품 같은 소비재는 물론 자신에게 필

요한 노동력을 시장에서 살 수 있어야 한다. 노동자들이 생산재를 이용해 생산한 생산물은 다시금 시장을 찾아야 한다. 이런 식으로 계속된다.

개별 자본가의 관점에서 본다면 자기 생산물의 구매자를 찾을 수 있어서 자기 자본과 잉여가치를 실현할 수만 있다면 자기 공장에서 무엇을 생산하는지(기계든, 양말이든, 신문이든)는 전혀 문제가 되지 않지만, 자본주의 경제 전체로 봤을 때는 총생산물이 어떤 한정된 사용가치로 이뤄지는 것이 아주 중요하다. 다시 말하면 생산과정을 재개하는 데 필요한 생산재와 노동자·자본가에게 필요한 소비재를 총생산물이 제공해야 한다. 다양한 생산물들의 양은 아무렇게나 결정될 수 없다. 생산된 생산재는 불변자본(c)과 가치의 크기가 같아야 하며, 생산된 소비재는 임금(가변자본(v))과 잉여가치(s)를 합한 것과 가치의 크기가 같아야 한다.

단순재생산을 분석하기 위해 마르크스는 전체 산업을 두 기본 부문, 즉 생산재를 생산하는 1부문과 소비재를 생산하는 2부문으로 나눴다. 단순재생산이 일어나려면 이 두 부문 사이에 일정한 비례가 성립해야 한다. 예를 들어, 1부문이 1·2부문에서 필요한 것보다 기계를 더 많이 생산한다면 기계가 과잉생산되는 것이므로 1부문의 생산이 마비될 것이고 뒤이어 여러 사건들이 잇따라 일어날 것이라는 점은 명백하다. 마찬가지로, 1부문이 기계를 너무 적게 생산한다면 재생산은 동일한 수준에서 반복되지 못하고 쇠퇴할 것이다. 2부문이 두 부문의 임금(가변자본(v))과 잉여가치(s)의 합(v+s)보다 많거나 적은 소비재를 생산한다면 똑같은 일이 2부문에서도 일어날 것이다.[77]

경제 전체에서 생산재 수요와 소비재 수요 사이의 비율은 한편으로는 기계·원자재 구입에 지출되는 자본 부분, 즉 전체 경제의 불변자본(c) 부분과, 다른 한편으로는 전체 경제에서 임금 지불에 지출되는 자본 부분(v)과 자본가의 이윤을 합한 것 사이의 비율에 달려 있다.

달리 말하면, 1부문의 생산물(P1)은 1부문의 불변자본(c1)과 2부문의 불변자본(c2)를 합한 것과 같아야 한다. 즉,

$$P1 = c1 + c2$$

마찬가지로, 2부문의 생산물(P2)은 두 부문의 임금과 잉여가치를 모두 합한 것과 같아야 한다. 즉,

$$P2 = v1 + s1 + v2 + s2$$

이 두 등식은 하나의 등식으로 결합될 수 있다. 즉,

$$c2 = v1 + s1$$

달리 말하면, 2부문에 필요한 기계·원자재 등의 가치는 1부문의 노동자 임금과 자본가 잉여가치를 합한 것과 같아야 한다.

이 등식들은 단순재생산에 해당되는 것이며, 확대재생산의 표식은 더욱 복잡하다. 여기서 자본가의 개인적 소비에 지출되는 잉여가치의 일부를 문자 r로 표시하고, 축적되는 부분을 a로 표시한다. a 자체는 두 부분, 즉 생산재를 추가로 구입하는 데(가용 불변자본을 증대시키는 데) 지출되는 부분인 ac와 생산에 새로 고용되는 노동자들에게 지불할 임금에 지출되는 부분인 av로 나뉜다.

단순재생산에서 사회적 생산재 수요가 표식 c1+c2로 표시된다면, 확대재생산은 c1+ac1+c2+ac2로 표시된다.

마찬가지로, 사회적 소비재 수요인 v1+s1+v2+s2는 v1+r1+av1+v2+r2+av2로 된다. 그러므로 확대재생산에 필요한 조건을 다음과 같이 정식화할 수 있다.

$$P1 = c1 + ac1 + c2 + ac2$$
$$P2 = v1 + r1 + av1 + v2 + r2 + av2$$

즉,

$$c2 + ac2 = v1 + r1 + av1^{[78]}$$

이제 마르크스의 표식에 대한 로자 룩셈부르크의 비판을 보자.[79] 룩셈부르크는 단순재생산 표식을 확대재생산 표식과 비교해 보면 하나의 역설이 존재한다는 것을 보여 줬다. 단순재생산의 경우에 c2는 v1+s1과 같아야 한다. 확대재생산의 경우에는 c2+ac2는 v1+r1+av1과 같아야 한다. 그런데 v1+r1+av1은 v1+s1보다 작다(s1에서 ac1이 빠졌으므로). 따라서 만약 단순재생산의 조건에서 균형이 이뤄진다면, 확대재생산으로 전환하기 위해서는 2부문에서 축적이 없을 뿐 아니라 줄어들어야 한다는 어처구니없는 조건이 필요하게 된다.

또한 룩셈부르크는 다음에서 볼 수 있듯이 마르크스가 확대재생산을 예증하고자 표식을 사용할 때 c2에 단순재생산에서보다 작은 수치를 부여한 게 결코 우연이 아니었다고 말한다.

단순재생산 표식

I	4000c+1000v+1000s	=6000
II	2000c+500v+500s	=3000
계		=9000

규모가 확대된 축적의 최초 표식

I	4000c+1000v+1000s	=6000
II	1500c+750v+750s	=3000
계		=9000[80]

이런 식으로 2부문의 불변자본은 단순재생산보다 확대재생산에서 500이 작다.

계속해서 마르크스는 확대재생산 표식을 정교화해 2부문은 물론 1부문에서도 자본의 유기적 구성(가변자본에 대한 불변자본의 비율)에 변화가 없고 착취율이 불변이며 1부문의 잉여가치 절반이 자본화한다고 가정하면 자본의 재생산이 다음과 같이 진행된다고 나타냈다.

첫째 해

I	$4400c+1100v+1100s$	$=6600$
II	$1600c+800v+800s$	$=3200$
계		$=9800$

둘째 해

I	$4840c+1210v+1210s$	$=7260$
II	$1760c+880v+880s$	$=3520$
계		$=10780$

셋째 해

I	$5324c+1331v+1331s$	$=7986$
II	$1936c+968v+968s$	$=3872$
계		$=11858$

넷째 해

I	5856c+1464v+1464s	=8784
II	2129c+1065v+1065s	=4259
계		=13043

다섯째 해

I	6442c+1610v+1610s	=9662
II	2342c+1172v+1172s	=4686
계		=14348[81]

로자 룩셈부르크는 위의 표식을 분석한 뒤 그 특성을 정확하게 지적했다.

1부문에서는 잉여가치의 절반이 항상 자본으로 되고 나머지 절반은 소비돼 자본가의 생산과 소비가 규칙적으로 확대되지만, 2부문에서는 이 이중 과정이 불규칙하게 진행된다.

	자본화	소비
첫째 해	150	600
둘째 해	240	560
셋째 해	254	626
넷째 해	290	678
다섯째 해	320	745

그리고 다음과 같이 덧붙인다.

모든 등식에서 표식의 수치 자체는 임의적인 게 자명하지만, 그 때문에 과학적 가치가 떨어지는 것은 아니다. 문제가 되는 것은 **양적 비율**이다. 그 비율은 정확한 관계를 표현하는 것이기 때문이다. 1부문의 축적 관계를 정확히 규정하는 논리적 규칙은 2부문의 축적 관계를 해석하는 원리를 모두 희생하고 나온 듯하다. 이 때문에 분석에서 드러난 내재적 관계를 수정하는 게 필요하다.[82]
2부문에서는 축적과 소비를 규정하는 어떤 규칙도 눈에 띄지 않는다. 둘은 모두 1부문의 축적 요구에 완전히 종속돼 있다.[83]

확대재생산 문제와 관련해, 만약 1부문뿐 아니라 2부문에서도 자본가의 자본축적과 개인적 소비가 모두 규칙적으로 확대된다면 두 부문의 불균형이 갈수록 커질 것이라고 가정할 수 있다.

따라서 1부문의 축적 관계에 대한 논리적 규칙이 정해진다면 그것은 "2부문의 축적 관계를 해석하는 원리를 모두 희생하고 나온 듯하다"는 점을, 또는 그 반대로 1부문의 축적 관계에 적용된 것과 동일한 논리적 규칙이 2부문에 적용된다면 1부문의 과잉생산이라는 형태로 불균형이 나타나고 심화될 것이라는 점을 룩셈부르크는 명확하게 보여 줬다.

이제 확대재생산의 출발점으로서 2부문의 불변자본이 단순재생산의 불변자본보다 500이 작지 않다고 가정하면 1부문과 2부문 사이에 불균형이 생겼을 것임을 쉽게 입증할 수 있다. 확대재생산 과정이 시작할 때 1부문의 소비재 수요가 2부문에서 획득될 수 있고 교환을 기다리는 소비재의 공급보다 500이 작았을 것이라고, 즉 확대재생산 과정이 시작할 때 그 가치가 500에 이르는 소비재가 과잉생산됐으리라고 가정해 볼 수 있다.

만약 로자 룩셈부르크가 착취율 증가와 자본의 유기적 구성 고도화 같은 다른 많은 요인을 제외하지 않았다면, 그녀의 주장은 훨씬 더 설득력 있었을 것이다. 착취율이 증가해 임금 대비 잉여가치 비율(s:v)이 증가하면 생산재 대비 소비재 수요가 감소할 것이고, 따라서 2부문의 축적률은 마르크스의 표식에서보다 훨씬 더 불규칙하게 되거나 2부문에서 갈수록 잉여가 나타날 것이다. 자본의 유기적 구성 고도화뿐 아니라 잉여가치 가운데 축적되는 부분의 증가도 똑같은 방향으로 작용할 것이다.

마르크스는 위에서 언급한 세 경향, 즉 착취율 증가, 축적률 증가, 자본의 유기적 구성 고도화를 자본주의에 내재하는 절대적 법칙으로 가정했다.

이 세 경향을 고려한다면, 순수한 자본주의에서 경제적 불균형은 절대적이고 불가피하며 영속적 현상이라는 룩셈부르크의 주장은 훨씬 더 설득력이 있을 것이다.

그러나 위의 요인들을 모두 상쇄하면서도 그 요인들과 내적으로 연관된 중요한 요인이 하나 있는데, 2부문에 견줘 1부문의 비중이 증가하는 것이다. 자본의 유기적 구성 고도화와 기술 혁신은 역사적으로나 논리적으로나 2부문에 견줘 1부문이 증가하는 것과 관련 있다. 자본재 순생산 대비 소비재 순생산의 비율은

영국의 경우 다음과 같다.
1851년 100:470, 1871년 100:390, 1901년 100:170, 1924년 100:150.
미국의 수치는
1850년 100:240, 1890년 100:150, 1920년 100:80.
일본의 수치는
1900년 100:480, 1913년 100:270, 1925년 100:240.[84]

2부문에 견준 1부문의 증가는 룩셈부르크가 언급한 요인들(2부문에서의 과잉생산 경향에 대한 룩셈부르크의 주장을 강화하려고 내가 첨가한 요인들도)의 효력을 상쇄한다는 점을 보이기 위해 2부문에 견준 1부문의 비중 변화가 두 부문의 교환관계에 미치는 영향을 도식으로 설명해 보자.

1부문에 투자된 자본은 두 가지 방식으로 2부문보다 증가할 수 있다.
(1) 2부문의 축적률보다 1부문의 축적률을 높이는 방식.

(2) 2부문에서 1부문으로 자본을 이전하는 방식.

이제 표식을 통해 이 두 과정의 예를 하나씩 살펴보자.

일단 1부문의 축적률이 2부문의 축적률보다 높다고 가정하자. 가령, 1부문에서는 잉여가치의 절반이 축적되고 2부문에서는 잉여가치의 3분의 1만 축적된다고 가정한다. 그 밖의 요인들은 불변(착취율은 100퍼센트고 자본의 유기적 구성은 불변자본이 가변자본의 다섯 배)이라 가정한다. 그렇게 해서 위에서 인용한 마르크스의 표식을 출발점으로 사용하면 자본의 재생산은 다음과 같이 진행될 것이다(단순하게 만들고자 숫자를 반올림했다).

출발점

I   5000c+1000v+1000s   =7000

II   1500c+ 300v+ 300s   =2100

제1차 연도의 끝

I   5000c+1000v+500r+417ac+83av   =7000

II   1500c+300v+200r+80ac+20av   =2100

c2+ac2=1580

반면 v1+r1+av1=1583

따라서 제1차 연도가 끝날 때, 룩셈부르크의 추정과는 반대로 2부문이 아니라 1부문에서 3만큼 잉여가 나타났다.

제2차 연도의 끝

I   5417c+1083v+541r+450ac+90av   =7583

II   1580c+320v+213r+90ac+18av   =2220

c2+ac2=1670

반면 v1+r1+av1=1714

이제 1부문의 잉여는 44다.

제3차 연도의 끝

I   5867c+1173v+586r+489ac+98av   =8213

II   1670c+338v+225r+94ac+19av   =2346

c2+ac2=1764

반면 v1+r1+av1=1857

이제 1부문의 잉여는 93이다.

위의 표식에서 다음과 같은 점이 명백하다. 즉, 착취율과 자본의 유기적 구성이 불변이고 1부문의 축적률이 2부문의 축적률보다 높다면, 1부문에서 과잉생산이 일어난다.[85]

앞서 언급했듯이, 2부문의 잉여가치가 1부문으로 이전해도 1부문이 2부문보다 증가할 수 있다. 이 과정을 표식으로 예증해 보겠다. 착취율, 자본의 유기적 구성, 축적률은 두 부문에서 동일하며 불변이라 가정한다. 동시에 2부문에서 생산된 잉여가치의 절반이 1부문으로 이전된다고 가정한다.

확대재생산 과정을 표식으로 나타내면 다음과 같다.

출발점

I   5000c+1000v+1000s   =7000

II   1500c+300v+300s   =2100

제1차 연도의 끝

I   5000c+1000v+500r+417ac+83av   =7000

II   1500c+300v+150r+63ac+12av(1부문으로 이전된

      잉여가치를 더함: 63ac+12av)   =2100

c2+ac2=1563

반면 v1+r1+av1(2부문에서 이전된 av를 더함)=1595

따라서 제1차 연도가 끝날 때, 룩셈부르크의 추정과 달리 2부문에서 잉여가 나타나지 않고 1부문에서 32만큼 과잉생산이 일어났다.

제2차 연도의 끝

I $5480c+1095v+547r+455ac+91av$ $=7670$

II $1563c+312v+156r+65ac+13av$(1부문으로 이전된

       잉여가치를 더함: $65ac+13av$) $=2187$

$c2+ac2=1628$

반면 $v1+r1+av1$(2부문에서 이전된 av를 더함)=1746

1부문에서 잉여는 118이다.

제3차 연도의 끝

I $6000c+1200v+600r+500ac+100av$ $=8400$

II $1628c+325v+162r+67ac+14av$(1부문으로 이전된

       잉여가치를 더함: $67ac+14av$) $=2278$

$c2+ac2=1695$

반면 $v1+r1+av1$(2부문에서 이전된 av를 더함)=1914

1부문에서 잉여는 219다.

룩셈부르크는 한 부문에서 다른 부문으로 잉여가치가 이전하면 부문 간 교환의 균형이 이뤄진다는 이런 생각에 반대하면서 다음과 같이 주장한다. "잉여가치 가운데 자본화한 부분이 2부문에서 1부문으로 의도적으로 이전된다는 것은 제외한다. 그 이유는 첫째, 2부문 잉여가치의 물질적 형태가 1부문에는 명백히 쓸모

없는 것이기 때문이고 둘째, 이제 다시 1부문 생산물을 2부문으로 등가 이전하게 만드는 두 부문의 교환관계 때문이다."[86] 다시 말하면, 룩셈부르크는 마르크스의 표식이 두 가정에 기초해 있다고 주장했다. 첫째 가정은 부문 간 교환을 통해서만 잉여가치가 실현될 수 있다는 것이고 둘째 가정은 2부문에서 발생할 것으로 가정한 잉여가 자연적 형태를 취한다는, 즉 여전히 소비재라서 생산재로 직접 기능할 수 없다는 것이다. 이 주장을 하나씩 살펴보면 우선, 동일한 부문의 기업 간 교환은 잉여가치를 실현하는 데 기여하므로 룩셈부르크의 첫째 주장은 오류다. 가령 모자 공장 소유주가 공장에서 생산된 모자를 비스킷을 생산하는 노동자들에게 팔 때 모자 공장 소유주는 모자 공장 노동자가 생산한 잉여가치를 실현하는 것이다. 둘째, 아주 많은 소비재가 생산수단으로도 기능할 수 있다. 즉, 건축업자가 아파트 대신 공장을 짓는다는 것은 2부문에서 1부문으로 자본이 이전한다는 의미다. 또, 전기는 기계를 움직일 뿐 아니라 아파트의 불을 밝히는 데도 쓰인다. 곡물은 돼지를 먹일 뿐(생산적 소비) 아니라 인간도 먹는다(소비). 셋째, 한 부문에서 다른 부문으로 자본이 이전할 수 없다면 마르크스주의 경제학의 기본 원리인 경제 전반에 걸친 이윤율 균등화 경향은 그 근거가 없어질 것이다.

앞서 제시한 표식에서 다음과 같은 점이 분명해진다. 즉, 다른 조건이 모두 불변일 때 1부문이 2부문보다 확대되면 1부문의 교환관계에서 잉여가 발생한다.

이 요인은 룩셈부르크가 2부문에서 잉여를 낳는 것으로 지적한 요인의 효과를 상쇄할 수 없는가? 서로 그 효력을 상쇄하는 상이한 요인들이 사실은 자본주의 경제 발전이라는 동전의 양면이 아닌가? 물론 그렇다.

로자 룩셈부르크는 동전의 한 면만 봤기 때문에 잉여가 2부문에서 발생해야 한다는 결론에 도달했다. 양면을 다 고찰하면 두 부문의 축적이 불규칙적이지 않고 규칙적이며 동시에 순수한 자본주의에서는 두 부문 간 비례가 존재할 수 있다는 게 명백하다.

그러나 두 부문의 상호 교환으로 과잉생산을 방지하고 축적이 균형을 유지하며 진행되도록 두 부문 사이에 비례가 정확히 유지될 수 있음이 이론적으로 가능하다고 해서 무질서하고 원자적으로 작동하는 자본주의의 실제 활동에서 필요한 비례가 계속 안정적으로 유지될 수 있다는 것을 의미하지는 않는다. 여기서 룩셈부르크가 지적한 요인(자본주의가 팽창해 들어가는 비자본주의 구조의 존재)이 아주 중요하다. 비자본주의 구조의 존재가 룩셈부르크가 주장한 대로 확대재생산의 전제 조건은 아닐지라도 적어도 두 부문이 반드시 상호 의존하지는 않게 해서 확대재생산, 곧 축적 과정을 용이하게 하는 한 요인이다. 다음과 같은 룩셈부르크의 지적은 올바르다. "축적은 자본주의 경제 부문 사

이의 내부 관계 그 이상이며" 자본주의 환경과 비자본주의 환경 사이의 관계 때문에

> 생산의 양대 부문은 때때로 서로 독립적으로 자체 축적을 수행하지만, 그때조차 운동은 모든 국면에서 중첩되고 교차한다. 여기서 두 부문의 축적 속도와 방향 차이, 물질적 요소와 가치의 요소라는 두 가지 점에서 비자본주의 생산양식과 맺는 상이한 관계라는 복잡하기 이를 데 없는 관계가 생긴다.[87]

사실, 부문 사이의 일정한 비례가 균형으로 귀결될지 여부를 결정하는 요인은 많으며 또 서로 대립한다(서로 다른 산업의 착취율, 축적률, 자본의 유기적 구성 변화 등). 그리고 경제가 일단 균형 상태를 벗어나면, 전에는 비례였던 것이 눈덩이처럼 커지는 불비례로 변한다. 그러므로 자본주의 산업과 비자본주의 영역 사이의 교환은 비록 절대적 규모는 작더라도 자본주의의 탄력성에, 따라서 자본주의의 안정성에 엄청난 영향을 미친다.

룩셈부르크는 자신의 책에서 두 산업 부문의 교환관계를 기술하는 재생산 표식에 대한 분석과, 생산재가 소비재로 될 수 있는 잠재력(생산재가 소비재와 교환될 뿐 아니라 때가 되면 새로운 소비재로 실현될 수 있다)이라는 다른 차원의 두 부문 관계에 대한 분석 사이를 이리저리 왔다 갔다 한다. 마르크스의 표식에

표현된 비례는 축적이 일어날 수 있는 조건이기는 하지만, 축적이 실제로 일어나려면 상품의 수요가 갈수록 증대해야 한다. 이 수요가 어디에서 발생하는가 하는 질문이 여기서 제기된다.

자본주의의 번영은 산출이 증가하고 자본재를 흡수하는 데 달려 있다. 그런데 자본재 흡수는 결국 갈수록 증가하는 소비재 생산품을 산업이 팔 수 있는지에 달려 있다. 그렇지만 자본주의 산업은 그 생산물을 팔려고 할 때 심화되는 모순에 빠져드는데, 가장 근본적인 모순이 생산과 제한된 시장 사이의 모순이다. 즉, "모든 실제 공황의 궁극적 원인은 늘 대중의 빈곤과, 자본주의 생산의 생산력 발전 경향보다 제한된 대중의 소비다. 오직 사회 전체의 절대적 소비력만이 생산력의 한계가 될 정도로 자본주의에서 생산력 발전 경향은 강력하다."[88]

로자 룩셈부르크는 자본주의가 제한된 시장이라는 축적의 절대적 장애에서 벗어날 수 있도록 하는 요인은 자본주의 산업이 비자본주의 영역으로 침투하는 것이라고 주장했다.[89]

룩셈부르크는 다른 어떤 마르크스주의자나 비마르크스주의 경제학자보다 비자본주의 영역이 자본주의에 미치는 영향에 관심을 더 많이 기울였다. 이 요인에 바탕을 두고(비록 룩셈부르크도 이 요인의 주요 결과를 모두 펼쳐 보이지는 않았지만) 자본주의가 비자본주의 영역으로 팽창하는 것의 영향을 다음과 같이 요약해 볼 수 있다.

첫째, 후진적인 식민지의 시장은 공업국의 상품 수요를 증가시 킴으로써 공업국에서 과잉생산 경향을 약화시키고 실업 예비군 을 감소시키며, 그리하여 그 나라 노동자의 임금을 향상시킨다.

둘째, 이런 식의 임금 상승은 누적되는 효과를 미친다. 공업국 에서 국내 시장이 확대돼 과잉생산 경향이 약화되고 실업이 감 소하며 임금이 상승한다.

셋째, 자본수출은 공업국의 상품 시장을 창출하므로 적어도 일시적으로는 공업국의 번영에 기여한다. 영국이 인도에 면화 가 공 상품을 수출할 수 있으려면 인도가 영국에 그 상품 값을 즉 시 지불할 수 있어야 한다(예를 들어 면화를 수출함으로써). 다 른 한편, 철도 건설을 위한 자본수출은 인도의 즉각적 구매력, 즉 수출 능력을 넘어서는 상품(철로·기관차 등)의 수출을 전제 로 한다. 달리 말하면, 일정 기간은 자본수출이 선진국 산업의 시 장을 확대하는 중요한 요인이 된다. 그러나 때가 되면 이 요인은 정반대로 바뀐다. 식민지에 수출된 자본은 식민지가 그 이자나 이윤을 지불한 후에는 '식민 모국'의 상품 수출에 제동을 건다. 인도는 영국(인도에 투자된 영국 자본)에 1000만 파운드의 이윤 을 지불하기 위해 수출보다 수입을 줄여야 하며, 그리하여 1000 만 파운드라는 거액의 화폐를 비축해야 한다. 달리 말하면, 영국 에서 인도로 자본을 수출하는 것은 영국 상품의 시장을 확대하 지만, 이제 다시 인도에 있는 영국 자본에 인도가 이윤과 이자를 지불해야 하기 때문에 영국 상품의 시장이 제한된다.

그러므로 영국 자본의 해외투자는 결코 영국에서 과잉생산과 대량 실업을 배제하지 못한다. 레닌의 견해와는 반대로, 해외투자 자본의 높은 이윤은 제국주의 국가에서 자본주의 번영과 안정화를 낳기보다 대량 실업과 불황을 초래하는 요인이다.

넷째, 식민지로 자본을 수출하는 것은 제국주의 국가의 자본시장 전체에 영향을 미친다. 투자할 곳을 찾지 못하는 잉여 자본이 아무리 적더라도 잉여 자본이 누적되면 그 영향(자본시장 압박, 이윤율 저하 경향 강화)은 엄청날 수 있다. 이것은 다시 자본의 운동에, 경제활동 전반에, 고용에, 따라서 대중의 구매력에, 그리하여 다시 악순환으로 시장에 그 나름의 누적 효과를 미친다. 잉여 자본 수출은 이런 곤란을 제거할 수 있으며, 따라서 자본주의의 번영 전체에 지극히 중요할 수 있고 그리하여 개혁주의에도 마찬가지 영향을 끼친다.

다섯째, 자본수출은 자본시장의 압박을 완화해 기업들 사이의 경쟁을 완화하고, 그리하여 기업들이 기업 설비를 합리화하고 근대화할 필요가 감소한다(이 점은 예컨대 산업혁명의 선구자였던 영국 산업이 오늘날 독일보다 기술적으로 뒤처진 것을 어느 정도 설명해 준다). 자본수출은 또 과잉생산, 실업, 임금 삭감 등의 경향을 약화시킨다(물론 영국이 산업 세계에서 독점적 위치를 빼앗긴 변화된 상황에서는 이 요인이 세계 시장에서 영국 산업의 패배, 실업, 임금 삭감을 초래할 수도 있다).

여섯째, 공업국은 식민지에서 값싼 원료와 식량을 사서 이윤율이 감소하지 않고도 실질임금을 높일 수 있다. 이 임금 상승은 이윤량과 이윤율을 감소시키지 않고도, 달리 말하면 자본주의 생산 동기를 약화시키지 않고도 국내 시장을 확대할 수 있게 한다.

일곱째, 농업국인 식민지가 공업국의 시장 확대에 기여하는 기간은 더는 다음의 두 가지 사항에 비례하지 않을 것이다.

(1) 선진 공업국의 생산력에 견준 식민지 세계의 크기.

(2) 식민지 세계의 공업화가 지연되는 정도.

여덟째, 만약 제국주의 공업국과 그 식민지 사이에 국경이 존재하지 않는다면 제국주의가 자본주의 번영에 미치는 유리한 효과는 모두 사라질 것이다. 영국은 인도에 상품과 자본을 수출하고 값싼 원료와 식량을 수입했지만, 인도의 실업자(영국 자본주의의 침투로 증가한)가 영국의 노동시장에 들어오도록 하지 않았다. 만약 인도인이 영국으로 대량 이민하는 것을 막는 장벽(경제적 장애물)이 없었다면, 영국의 임금은 지난 세기에 증가하지 않았을 것이다. 자본주의의 위기는 점점 더 심화됐을 것이다. 개혁주의가 혁명적 차티스트운동을 대체할 수도 없었을 것이다.[90]

독자들은 마르크스의 《자본론》 2권의 표식에 대한 룩셈부르크의 비판에 동의하거나 동의하지 않을 수 있다. 또한, 자본주의 생산양식이 지배적인 것일 뿐 아니라 유일한 것이라면 필연적으로 자본주의는 단기간에 내적 모순으로 붕괴할 것이라고 결론 내리는 추론 과정에 전부 또는 일부 동의하거나 전혀 동의하지 않을 수 있다. 어쨌든, 비자본주의 영역이 자본주의의 안정에 미치는 효과에 주목한 것은 룩셈부르크의 엄청난 기여임을 의심할 수 없을 것이다. 조앤 로빈슨 교수가 《자본의 축적》영어판 머리말에서 말한 바도 이와 일치한다. "자본주의가 새로운 영토로 팽창해 나간 것이 강단 경제학자들이 지난 200년을 '장기 대호황'이라 부르게 한 주요 요인임을 부정할 사람은 거의 없을 것이며, 많은 강단 경제학자들이 20세기 자본주의의 불안정한 조건을 전 지구상의 '미개척지 소멸'로 설명하고 있다."[91] 로빈슨은 룩셈부르크의 분석을 칭찬하는 동시에, 룩셈부르크가 자본주의 세계 전반에서 실질임금이 상승했다는 사실(이것은 시장을 확대하는 요인이다)을 무시해 불완전한 설명을 제시했다고 비판한다. 그러나 비록 룩셈부르크가 실질임금 상승이라는 요인을 분석에 포함하지 않았다 해도(순수한 자본주의에서 확대재생산이 가능한지 아닌지를 논하는 구도에서 이 요인은 관련이 없다), 실질임금의 상승 그 자체를 룩셈부르크가 지적한 주요 특징, 즉 자본주의가 비자본주의 영역으로 팽창하는 것과 무관하게 설명할 수는 없다.[92]

9장
로자 룩셈부르크의
역사적 위상

마르크스의 전기 작가인 프란츠 메링이 로자 룩셈부르크를 마르크스 이후 최고 사상가라고 말한 것은 전혀 과장이 아니었다. 그러나 룩셈부르크는 지적 능력만을 노동계급 운동에 바친 것은 아니었다. 룩셈부르크는 모든 것, 곧 정열, 강인한 의지, 삶 자체를 바쳤다.

로자 룩셈부르크는 무엇보다 혁명적 사회주의자였다. 혁명적 사회주의의 위대한 지도자와 교사 중에서도 룩셈부르크는 독특한 역사적 위치를 점한다.

개혁주의가 '복지국가'를 꿈꾸고 자본주의를 어설프게 고쳐 쓰려 애쓰면서 사회주의 운동을 퇴보시켰을 때, 무엇보다 중요한 것은 이 자본주의 시종들에 대한 혁명적 비판이었다. 룩셈부르크 외에도 다른 마르크스주의 교사들(레닌·트로츠키·부하린 등)이 개혁주의에 대항해 혁명적으로 투쟁한 것은 사실이다. 그러나 그들에게는 싸워야 할 전선이 제한돼 있었다. 러시아에서는 잡초의 뿌리가 워낙 약해서 단순히 잡아당기는 것만으로도 뿌리를 뽑을 수 있었다. 시베리아나 교수대가 눈앞에 닥쳐 있는데도 노동운동이 폭력을 사용하는 데 반대하는 사회주의자나 민주주의자가 있을 수 있었겠는가? 제정 러시아에서 의회를 통해 사회주의로 가는 길을 생각한 사람이 얼마나 있었겠는가? 연립정부 수립이 불가능한 현실에서 연립정부 정책을 옹호하는 사람이 얼마나 있었겠는가? 노동조합이 존재하기도 힘든 상황에서 노동조합이 노동운동의 만병통치약이라고 생각할 사람이 얼마나 있었겠는가? 레닌과 트로츠키, 그 밖의 다른 볼셰비키 지도자들은 정확한 분석을 힘들여 해 가면서까지 개혁주의 주장과 싸울 필요가 없었다. 그들은 단지 역사의 똥 무더기를 싹 쓸어 버리기만 하면 됐다.

중부 유럽과 서유럽의 보수적 개혁주의는 뿌리가 훨씬 깊으며, 노동자의 사고와 감성에 강력한 영향을 미치고 있었다. 개혁주의자들의 주장은 더 뛰어나게 논박해야 했는데, 로자 룩셈부르크의 반박이 단연 두드러졌다. 이 나라들에서 룩셈부르크의 수술칼은 레닌의 망치보다 훨씬 더 유용한 무기일 수 있었다.

제정 러시아에서는 노동자들이 대부분 정당이나 노동조합으로 조직돼 있지 않았다. 여기서는 잘 조직된 독일의 노동운동처럼 노동계급 출신의 관료가 형성한 강력한 제국들이 가하는 위협 같은 것은 없었다. 따라서 룩셈부르크가 노동 관료의 구실을 레닌이나 트로츠키보다 훨씬 더 일찍, 훨씬 더 명확히 알고 있었던 것은 자연스러운 일이다. 룩셈부르크는 관료의 사슬을 끊어 버릴 수 있는 유일한 힘은 노동자의 주도력이라는 것을 레닌이나 트로츠키보다 훨씬 일찍 이해했다. 이 문제를 다룬 룩셈부르크의 저작들은 선진 공업국 노동자들에게 큰 영감을 불어넣었으며, 부르주아 개혁주의의 유해한 이데올로기로부터 노동자를 해방하는 투쟁에 다른 어떤 마르크스주의자의 저작보다 더 가치 있는 공헌을 했다.

볼셰비키가 조직된 사회주의자들 가운데 중요하고 커다란 부분(그 이름처럼 항상 다수파는 아니었지만)을 이룬 러시아에서는 자그마한 소수파 마르크스주의자들이 보수주의자들이 지도하는 대중조직에 취해야 할 태도라는 문제가 진정한 문제로 제기된 적이 없었다. 이 사활적인 문제에 올바르게 접근하는 법을 발전시키는 것은 주로 로자 룩셈부르크에게 남겨진 과제였다. 룩셈부르크가 제시한 지도적 원리는 대중과 끝까지 고통을 함께하며 대중을 도우려 노력한다는 것이었다. 그래서 그녀는 노동운동(그 발전 수준이 어떻든 간에)의 주류에 초연한 태도를 취하는 것에 반대했다. 종파주의에 맞선 룩셈부르크의 투쟁은, 복지

국가의 관념이 지배하는 서구 노동운동에서 오늘날 특히 중요하다. 특히 영국 노동운동은 하인드먼과 사회민주주의연맹SDF, 사회당BSP, 공산당(특히 '제3기'의) 등 종파주의의 폐해를 겪었기 때문에 개혁주의에서 도피하는 것으로 전락하지 않으면서도 개혁주의에 맞서 원칙 있게 투쟁한 로자 룩셈부르크한테서 영감을 얻을 수 있다. 혁명가는 개혁주의 흐름에 편승해서는 안 되고 그것을 방관하거나 외면해서도 안 되며 그 흐름을 거슬러 나아가야 한다.

혁명 조직의 구조에 대한 룩셈부르크의 견해(일관되게 민주적인 기초 위에서 아래로부터 세워져야 한다)는 1902~04년 레닌의 견해보다 선진국 노동운동의 필요에 더 적합하다. 1902~04년에 제시된 레닌의 정당 개념은 전 세계적으로 스탈린주의자들에 의해 복제돼 관료적으로 왜곡됐다.

혁명적 정당의 구조, 당과 계급의 관계가 자본주의에 대항하는 투쟁과 노동자 권력을 위한 투쟁뿐 아니라 노동자 권력 자체의 운명에도 커다란 영향을 미치리라는 것을 룩셈부르크는 누구보다 명확하게 알고 있었다. 광범한 노동자 민주주의가 없다면 노동자를 대신해 "책상에 폼 잡고 앉아 있는 관리들"이 정치권력을 행사하게 될 것이라고 룩셈부르크는 예언적으로 말했다. "사회주의는 포고령으로 선포되거나 도입될 수 없다."

로자 룩셈부르크가 혁명적 정신과 중서부 유럽 노동운동의 본질에 대한 명확한 이해를 결합할 수 있었던 것은 제정 러시아에서 태어나 독일에서 오랫동안 거주했고 폴란드와 독일의 노동운동에 투신했던 독특한 개인적 배경과 무관하지 않다. 이런 상황에서는 흔히 두 환경 중 어느 한쪽에 동화돼 버릴 테지만 룩셈부르크는 그러지 않았다. 독일에는 '러시아' 정신, 즉 혁명적 행동의 정신을 불어넣고, 폴란드와 러시아에는 '서구' 정신, 즉 노동자의 자립·민주주의·자기해방의 정신을 불어넣었다.

《자본의 축적》은 마르크스주의에 지대한 공헌을 했다. 선진 공업국과 후진 농업국 사이의 상호 관계를 논하면서, 룩셈부르크는 제국주의가 상당 기간 동안 자본주의를 안정시키는 한편으로 인류를 폐허 속에 파묻어 버리려 위협하고 있다는 지극히 중요한 사상을 펼쳐 보였다.

로자 룩셈부르크는 생기 넘치고 정력적이며 비숙명론적인 역사관(역사를 인간 활동의 소산으로 파악했다)으로 자본주의의 뿌리 깊은 모순을 폭로했으므로, 사회주의의 승리가 불가피하다고 여기지는 않았다. 자본주의는 사회주의로 가는 대기실일 수도 있고 야만 상태로 가는 문턱일 수도 있다고 생각했다. 핵폭탄의 위협 속에 살고 있는 오늘날, 우리는 이 경고를 받아들여 행동의 자극제로 사용해야 한다.

19세기 말에서 20세기 초에 이르는 몇십 년의 평화기에 독일 노동운동은 이런 상황이 영원할 것이라는 환상에 빠져 있었다.

제한 군축, 유엔, 정상회담 등의 토론이 한창인 오늘날, 전쟁과 자본주의의 떼려야 뗄 수 없는 연관을 명확하게 분석했으며 평화를 위한 투쟁은 사회주의를 위한 투쟁과 분리될 수 없다고 주장한 로자 룩셈부르크에게서 많은 것을 배울 수 있다.

진리를 추구하는 룩셈부르크의 열정은 어떤 독단적 사상도 배격한다. 스탈린주의가 마르크스주의를 교조로 만들고 사상을 황폐화시킨 시기에 룩셈부르크의 저작은 마르크스주의에 활력을 주고 생기를 불어넣었다. 룩셈부르크는 '무오류의 권위'에 굴복하는 것을 가장 싫어했다. 룩셈부르크는 마르크스의 진정한 제자로서 스승에게서 독립해 사고하고 행동할 수 있었다. 마르크스 사상의 정신을 포착하면서도 단순히 마르크스의 말을 반복하지 않고 그것이 변화된 상황에 적합한지 아닌지, 옳은지 그른지를 비판적으로 보는 눈을 잃지 않았다. 로자 룩셈부르크의 사상적 독립성은 언제 어디서나 사회주의자들을 고무했다. 따라서 룩셈부르크는 자신의 저작을 성경처럼 추앙하려 하거나 자신을 '무오류의 권위'로, 어떤 학파의 지도자로 만들려 한다면 누구보다 강력하게 반대할 것이다. 룩셈부르크는 진리에 더 가까이 다가가려는 수단으로서 사상투쟁을 중요하게 여겼다.

자신을 마르크스주의자로 여기면서도 마르크스주의에서 그 심오한 인간주의적 내용을 제거하는 게 유행인 오늘날, 로자 룩셈부르크는 생명 없는 기계적 유물론에서 우리를 해방할 수 있을 것이다. 마르크스에게 사회주의는 "진정한 인간주의"고 "모든 개인의 완전하고 자유로운 발전이 지배적 원리가 되는 사회"였다.[93] 룩셈부르크는 이 인간주의적 열정의 화신이었다. 비천하고 억눌린 사람들과의 공감은 그녀의 삶의 주요한 동기였다. 인간과 모든 생명체의 고통에 대한 깊은 감성과 동정은 모든 행동과 저작(감옥에서 쓴 편지든 심오한 이론적 연구 저작이든)에 표현돼 있다.

그러나 인간의 비극이 엄청나게 클 때는 울어 봐야 소용없다는 것을 로자 룩셈부르크는 잘 알고 있었다. 룩셈부르크의 좌우명은 아마 스피노자의 좌우명처럼 '울지도, 웃지도 마라. 다만 이해하라'였을지 모른다. 비록 그녀 자신은 눈물도 많고 웃음도 많았지만 말이다. 노동계급에게 사회생활의 발전 경향을 드러내 보여 노동자들이 자신의 잠재력을 객관적 발전과 결합하면서 최대한 발휘하도록 돕는 것이 룩셈부르크의 방법이었다. 룩셈부르크는 인간의 감성보다 이성에 호소했다.

깊은 인간적 공감, 진리 추구 열망, 불굴의 용기, 뛰어난 지적 능력, 이 모든 것이 로자 룩셈부르크를 위대한 혁명적 사회주의자로 만들었다. 이 점은 룩셈부르크의 가장 가까운 동지인 클라라 체트킨이 룩셈부르크 추도사로 쓴 다음의 구절에도 나타나 있다.

로자 룩셈부르크에게 사회주의 사상이란 가슴과 머리에서 나오는 압도적이고 강력하며 끊임없이 타오르는 진정으로 창조적인 열정이었다. 이 놀라운 여성의 위대한 과업과 강력한 포부는 사회혁명의 길을 준비하고 사회주의로 가는 역사의 길을 냈다. 혁명을 경험하고 그 전장에서 투쟁하는 것이야말로 룩셈부르크에게는 최고의 행복이었다. 모든 삶과 존재 전부를 사회주의에 바친 사심 없는 헌신·의지·결단은 말로 다 표현할 수 없다. 룩셈부르크는 전 생애에 걸쳐 단 한 시간, 단 하루도 놓치지 않고 비극적으로 죽는 순간까지도 투쟁하면서 자신을 사회주의의 대의에 바쳤다. … 그녀는 혁명의 예리한 칼이자 활활 타오르는 불꽃이었다.

추천 도서

로자 룩셈부르크 전집은 두 가지가 출판돼 있다. 이 두 전집에는 《대중파업》[국역: 《대중파업론》, 풀무질, 1995]과 《개혁이냐 혁명이냐》[국역: 《사회 개혁이냐 혁명이냐》, 책세상, 2002]와 《유니우스 팸플릿》이 모두 실려 있다. 이 밖에도 *Rosa Luxemburg Speaks*(Pathfinder Press, Mary Alice Waters, ed), *Selected Political Writings*(Monthly Review Press, Dick Howard, ed), *The National Question: Selected Writings by Rosa Luxemburg*(Monthly Review Press, Horace B Davis, ed)가 있다. 영어권에서 출판된 중요한 단행본으로는 *The Mass Strike*(Merlin Press), *Reform or Revolution*(Pathfinder Press), *The Accumulation of Capital*(Routledge)[국역: 《자본의 축적 1·2》, 지식을만드는지식, 2013], *The Junius Pamphlet*(Merlin Press), *What is Economics?*(Merlin Press)가 있다.

로자 룩셈부르크의 전기는 파울 프뢸리히가 쓴 *Rosa*

Luxemburg: Ideas in Action(Pluto Press)[국역: 《로자 룩셈부르크 생애와 사상》, 책갈피, 2000]과 존 네틀이 쓴 *Rosa Luxemburg*(Oxford University Press)가 좋다. 노먼 제라스가 쓴 *The Legacy of Rosa Luxemburg*(New Left Books)에는 로자 룩셈부르크의 정치, 특히 러시아 혁명의 성격에 대한 견해를 다룬 유용한 논문이 실려 있다.

후주

1 1931년 스탈린이 사후적으로 룩셈부르크를 트로츠키주의자라고 맹렬히
비난한 것은 그럴 만한 까닭이 있었던 것이다. J V Stalin, *Works*, vol XIII,
pp 86~104 참조.

2 Rosa Luxemburg, *Reform or Revolution*(Bombay, 1951), pp 14~15[국역:
《사회 개혁이냐 혁명이냐》, 책세상, 2002].

3 같은 책, p 15.

4 같은 책, p 16.

5 같은 책, p 7.

6 *Vorwärts*, 26 March 1899.

7 Rosa Luxemburg, *Reform or Revolution*, p 52.

8 같은 책, pp 50~51.

9 같은 책, p 22.

10 같은 책, pp 29~30.

11 Paul Frölich, *Rosa Luxemburg: her life and work*(London, 1940), p
84[국역:《로자 룩셈부르크 생애와 사상》, 책갈피, 2000].

12 Rosa Luxemburg, *Ausgewählte Reden und Schriften*(Berlin, 1955), vol
II p 61.

13 같은 책, p 64.

14 Paul Frölich, *Rosa Luxemburg: her life and work*, p 84.

15 Rosa Luxemburg, *Gesammelte Werke*(Berlin), vol III, pp 361~362.

16 같은 책, p 366.

17 같은 책, p 366.

18 *Rote Fahne*, 18 November 1918.

19 Rosa Luxemburg, *Ausgewählte Reden und Schriften*, vol I, pp 211~212.

20 Rosa Luxemburg, *Reform or Revolution*, pp 58~59.

21 'The Belgian Experiment', *Die Neue Zeit*, 26 April 1902와 'Yet a Third Time on the Belgian Experiment', *Die Neue Zeit*, 14 May 1902.

22 Rosa Luxemburg, *Ausgewählte Reden und Schriften*, vol I, pp 227~228.

23 같은 책, pp 201~202.

24 같은 책, p 274.

25 같은 책, p 187.

26 Rosa Luxemburg, *Gesammelte Werke*, vol III, p 457.

27 같은 책, p 481.

28 *Dokumente und Materialien zur Geschichte der Deutschen Arbeiterbewegung*(Berlin, 1957), vol I, pp 280~281.

29 Ros a Luxemburg, *Ausgewählte Reden und Schriften*, vol I, pp 391~394.

30 같은 책, p 270.

31 같은 책, p 269.

32 F Engels, '1895 Introduction', K Marx, *The Class Struggle in France*.

33 Rosa Luxemburg, *Ausgewählte Reden und Schriften*, vol II, p 606.

34 *Dokumente und Materialien zur Geschichte der Deutschen Arbeiterbewegung*, vol II, pp 704~705.

35 Rosa Luxemburg, *Ausgewählte Reden und Schriften*, vol I, p 104.

36 *Leipziger Volkszeitung*, June 1913, pp 26~28.

37 *Die Neue Zeit*, 1904, p 491.

38 룩셈부르크가 독일 공산당 창립 대회에서 한 연설.

39 *Die Neue Zeit*, 1904, p 535.

40 Rosa Luxemburg, *Ausgewählte Reden und Schriften*, vol I, pp 235~236.

41 V I Lenin, *Works*(Russia), vol III, pp 365~366.

42 같은 책, vol VI, p 21.

43 같은 책, vol VIII, p 37. R Dunayevskaya, *Marxism and Freedom*(New York, 1958), p 182에서 재인용.

44 V I Lenin, *Works*(Russia), vol XIII, p 85.

45 사실 이 소책자는 레닌이 필요하다고 생각한 주석을 덧붙이지 않은 채 여러 나라 언어로 번역됐다.

46 나중에 볼셰비즘의 적이 되는 러시아 사회혁명당이 레닌의 정당 조직관을 상당히 우호적으로 받아들인 것은 결코 우연이 아니다(I Deutscher, *The Prophet Armed*, London, 1954, p 94n[국역: 《무장한 예언자 트로츠키》, 필맥, 2005]).

47 *Dokumente und Materialen zur Geschichte der Deutschen Arbeiterbewegung*, vol II, p 135.

48 같은 책, p 525.

49 같은 책, p 528.

50 예를 들어, J V Stalin, 'Some Questions Concerning the History of Bolshevism', *Works*, vol XIII, pp 86~104와 *Dokumente und Materialen zur Geschichte der Deutschen Arbeiterbewegung*, vol II의 서문과 F Oelssner, *Rosa Luxemburg*(Berlin, 1956) 참조.

51 V I Lenin, *Works*(Russia), vol XI, p 330.

52 같은 책, pp 173~176.

53 V I Lenin, Letter to Shliapnikov, 27 October 1914.

54 K Marx, *The Communist Manifesto*.

55 'Letter to Sorge', 27 September, 1877, *Marx-Engels Correspondence*(London, 1941), pp 348~349.

56 같은 책, p 399.

57 같은 책, p 399.

58 *Przeglad Socialdemokratyczny*, 1908, No 6.

59 *Die Neue Zeit*, 1895~96, p 446.

60 V I Lenin, *Selected Works*, vol V, pp 307~308.

61 Rosa Luxemburg, *The Russian Revolution*(New York, 1949), p 16.

62 같은 책, p 56.

63 같은 책, p 5.

64 같은 책, pp 54~55.

65 같은 책, p 55

66 같은 책, p 18.

67 같은 책, p 19.

68 같은 책, pp 20~21.

69 L Trotsky, *Itogy i Perspektivy*(Moscow, 1919), p 80.

70 Rosa Luxemburg, *The Russian Revolution*, p 23.

71 같은 책, p 29.

72 권력을 장악한 볼셰비키의 민족 정책에 대한 로자 룩셈부르크의 비판은 이 문제를 둘러싸고 거의 20년 동안이나 계속된 의견 차이의 연장이었다(6장 참조).

73 Rosa Luxemburg, *Ausgewählte Reden und Schriften*, vol II, p 606.

74 Rosa Luxemburg, *The Russian Revolution*, p 54.

75 같은 책, pp 45~46.

76 같은 책, pp 47~48.

77 실제로, 원활한 재생산을 위해서는 전체 경제에서 1부문의 생산과 2부문의 생산 사이에 일정한 비례가 유지될 뿐 아니라 양 부문 사이의 비례가 경제의 모든 부분에서 유지돼야 한다. 예를 들어, 의류 제작 기계의 생산(1부문)은 이런 종류의 기계에 대한 의류 산업(2부문)의 수요와 맞아 떨어져야 한다.

78 마르크스의 《자본론》 2권에 담긴 분석의 대수학적 정식화인 이 등식들은 부하린이 *Der Imperialismus und die Akkumulaton Des Kapitals* (Berlin, 1925)에서 정식화했는데, 마르크스의 여러 산술적 예증들을 요약하는 데 매우 유용하다.

79 로자 룩셈부르크의 재생산 분석을 기술하기 앞서 룩셈부르크가 호황, 경제

위기, 불황의 경기순환 운동을 설명하는 이론을 발전시키지 **않았다**는 점을 분명히 해 둬야 한다. 룩셈부르크는 주기적 순환이 자본주의 경제에서 재생산의 국면이지 과정 전체는 아니라고 생각했다. 따라서 재생산 과정을 순수한 것으로서, 그리고 전체로서 연구하려고 경기순환에서 추상해 분석했다. 그녀는 다음과 같이 썼다. "경기가 가파르게 오르내리고 위기가 발생하는데도 언제나 사회의 필요는 대체로 충족되고 재생산은 복잡한 과정을 따라 계속되며 생산력은 꾸준히 발전한다. 경기순환과 경제 위기 때문이 아니라면 어떻게 이런 일이 일어날 수 있겠는가? 여기서 진정한 질문이 시작된다. … 이제부터 자본주의의 재생산에 대해 말할 때는 항상 한 차례 순환의 다양한 국면에서 뽑아낸 평균인, 생산성의 평균적 크기를 나타내는 것으로 이해해야 한다."(Rosa Luxemburg, *The Accumulation of Capital*, London, 1951, pp 36~37[국역: 《자본의 축적 1·2》, 지식을만드는지식, 2013])

80   Karl Marx, *Capital*, vol II, p 596.

81   같은 책, pp 598~600.

82   Rosa Luxemburg, *The Accumulation of Capital*, p 122.

83   같은 책, p 122.

84   W S and E S Woytinsky, *World Population and Production*(New York, 1953), pp 415~416.

85   2부문보다 1부문에서 축적률이 높다는 바로 이런 생각을 로자 룩셈부르크는 비판했는데(*The Accumulation of Capital*, pp 338~339) 이 비판은 완전히 틀렸다. 여기서는 이 문제를 다룰 여유가 없다. 독자는 원전을 찾아보기 바란다.

86   Rosa Luxemburg, *The Accumulation of Capital*, pp 340~341.

87   같은 책, p 417.

88   Karl Marx, *Capital*, vol III, p 568.

89   자본주의의 딜레마에 대한 또 다른 '마르크스주의적' 대답은 로자 룩셈부르크의 책을 비판한 오토 바우어가 내놓았다. 바우어는 마르크스와 룩셈부르크보다 훨씬 더 복잡한 도식을 사용해 "자본축적은 인구 증가에 적응한다"는 것을 입증하려 했다. 즉, "호황, 경제 위기, 불황의 주기적 순환은 자본주의의 생산 장치가 자본축적을 인구 증가에 새로이 적응시킴으로써 너무 많거나 너무 적은 축적을 자동적으로 극복한다는 사실을 경험적으로

표현하는 것"이라고 주장했다(*Die Neue Zeit*, 1913, p 871). 맬서스주의자가 아니라 마르크스주의자가 이런 말을 한 것이다! 마르크스에게는 일차적 요인이 인구 증가가 아니라 자본축적이었다.

90 그런데 '제3의' 구매자(노동자도 아니고 자본가 소비자도 아닌)가 반드시 비자본주의 생산자일 필요는 없고 비생산적 국가일 수도 있다. 따라서 상시군비경제는 적어도 한동안은 비자본주의 경제 영역과 비슷하게 자본주의를 번영시키는 효과를 낳을 수 있다(Tony Cliff, 'Perspectives of the Permanent War Economy', *Socialist Review*, May, 1957 참조).

91 Rosa Luxemburg, The Accumulation of Capital, p 28.

92 부하린은 《제국주의와 자본축적》에서 로자 룩셈부르크의 주장 가운데 사소한 오류 몇 가지를 지적했지만, 룩셈부르크의 중심 명제를 반증하지는 못했다(부하린은 자신이 반증했다고 생각했지만). 예를 들어, 룩셈부르크는 자본축적의 순전히 화폐적인 문제에 많은 관심을 기울였다. 예를 들면 마르크스처럼 화폐상품(금·은 등)의 생산을 1부문에 포함시킬 것인가, 아니면 룩셈부르크 제안처럼 3부문을 추가할 것인가 하는 문제가 그런 문제였다. 룩셈부르크는 책 여러 곳에서 '수요는 어디서 발생하는가?' 하는 문제를 '화폐는 어디서 발생하는가?' 하는 문제와 혼동하고 있는 것으로 보인다. 그러나 이것은 룩셈부르크의 주요 명제와 관련해 부차적 중요성만 있을 뿐이므로 여기서 다루지는 않겠다. 또, 재생산 표식에 대한 룩셈부르크의 추론을 주의 깊게 따라가 보면, 논증의 핵심이 순수한 자본주의에서는 2부문의 잉여가치 일부가 실현되지 못할 수도 있다는 것이라고 말할 수 있지만, 룩셈부르크 자신은 마치 잉여가치의 어떤 부분도 순수한 자본주의에서는 실현될 수 없음을 입증했다는 듯이 자신의 주장을 요약하고 있다. 이 점은 F Sternberg, *Der Imperialismus*(Berlin, 1926), p 102에서 지적되고 있다.

93 Karl Marx, *Capital*, vol I, p 649.